やっと本当の自分で生きられる

浅見帆帆子
Hohoko Asami

GENTOSHA
幻冬舎

まえがき

先日、あるニュース番組で、「ヘアスタイルを、ついに念願のベリーショートにすることができた！」という女性の話が特集されていました。これまで、美容院でベリーショートをオーダーしても、「男の子みたいになっちゃうから……」と希望の短さまで切ってもらえなかった、それがようやく希望通りの長さにしてもらえた、その結果、本当の自分が解放されて、世界が変わったかのような気分を味わい、とても強い気持ちを持つことができた……という内容でした（表現は私が記憶しているものです）。

その特集を見て、この本のタイトルをこれにする気持ちが一層、強くなりました。

やっと本当の自分で生きられる

これからの時代は、「自分軸の幸せ」が基本となります。

多くの人たちが、「自分の感じる幸せの形に進んでいい」と気づいたからです。そして社会も、それをようやく認めるようになってきました。

本当の自分を生き始めると、人生が楽になり、未来を恐れる気持ちがなくなります。

同時に、「本当の自分を生きるというのは、こんなに気持ちが良いことなんだな」と感じます。自分軸の幸せは、社会の常識や他人の価値観、流行や情勢には侵されることのない唯一無二のものだからです。

本書は2010年から10年にわたって共同通信社のモバイルサイト「NEWSmart」に連載させていただいた『未来は自由！』から、本当の自分を生きるために必要なこと、即ち「自分の感性を磨く方法」や「意識の力の使い方」「これからのスピリチュアル」、そして「新型コロナウィルスの新しい捉え方」などについて抜粋、加筆したものです。

当時、多少の歯痒《はがゆ》さを感じながら書いていた本当の自分を生きるために必要な「みんな違ってみんないい」がようやく社会に浸透してきたことを、大変うれしく感じています。

私自身含め、これからもひとりひとりが他者との比較のない「自分の感じる幸せの形」を体現し、それを他人に押しつけることなく、「生き方のサンプル」を増やしていくことができるように祈っています。

浅見帆帆子

やっと本当の自分で生きられる　目次

第2章 引き寄せの法則の使い方

第3章　人、情報、もの……「出会い」の意味

第4章 感じる力を養う

第5章 コロナのおかげで……コロナによる前向きな変化

装幀　石川直美（カメガイ デザイン オフィス）
装画・本文イラスト　浅見帆帆子
ＤＴＰ　美創

第1章

もっと自由に、あなたの好きに生きていい

草食男子、主夫、LGBTA、……他には？

今、時代はすごいスピードで変化しています。仕事、結婚、出産、子育てや教育、暮らし方、生き方、果ては死に方にも様々な選択肢が生まれ、私が生まれた数十年前に比べれば、より自由に、自分に合う形を選べる可能性が出てきました。あらゆることにおいて、これまでにはなかった新しい考え方が次々と生まれています。

例えば、一時期「草食男子」という言葉が流行《はや》りました。

たしかに現代の10代〜30代の男性は、私が同じ年齢だった当時に比べると明らかに「草食系」です。外見も性質も雰囲気も、「勇ましくて雄々しい」より「優しくてマイルド」になりました。

彼らが出現してきた当初は、「男らしい若者が少なくなった」と嘆く年配の世代がいましたが、それは自分たちの基準で彼らを眺めていたからでしょう。現代の女性から見れば、かつて評価された勇敢で強い男性よりも、やわらかさや癒《いや》しを与えてくれる雰囲気、女性と同じ目線で物事を考えられるマイルドな優しさこそ、男性に求めるものであったりします。

かつての基準が「絶対に正しい」という視点で見ると軌道修正したくなりますが、実はそちらのほうが「今」に合っているかもしれないのです。

合っているとは、「その方がうまくいく」ということです。

かつての「男らしさ」が失われていくのを嘆く一番の理由は、「そんなことでは食べていけない」という、仕事や生活に対しての心配があるからかもしれません。ですが、社会の構成要素が変われば、それに合った新しい種類の仕事が必ず出てきます。高齢化が進んだ結果、高齢者を対象にした仕事が多く生まれたように、「草食男子」にぴったりの仕事（＝「草食男子」でなければ務まらないもの）が増えているのです。

同時進行で、「主夫」という生き方の選択肢も生まれました。人が興味を持つことや得意なことは性別に関係なく人それぞれ……事実、「主夫」の認知度が上がって「生きやすくなった」と感じている男性も、私のまわりにはたくさんいます。

性別によって仕事が決まってしまうこと自体がナンセンスであり、それぞれの性質に応じて選ぶことができるようになれば、本当の意味で「自分の好きな仕事、自分に合っている仕事」につけるようになります。

「新しい考え方」が出てくると、「こうあるべき」を守らなくてはいけないような気がしますが、それは過去のものの方に慣れているだけ、ということがあります。「柔軟に広げていこう」と受け入れた途端、「実はそっちの方がうまくいく」ということに気づきます。

すべてを新しいものに合わせるのではなく、選択の可能性が広がるような、あらゆることを「みんな違ってみんないい」と捉えられる自由な時代がやってくるのです。

あなたの世界を狭くしているもの

「新しい考え方」といっても、実はそれらは昔からあったこと、表に出ていなかっただけということが多々あります。例えば「主夫」は昔からいましたが、当時の常識からすると、その形のカップルは男性も女性も小さくなっているしかなかった……それがだんだんと「協力的な男性」「柔軟なカップル」などと認知され、今では立派な選択肢のひとつになったのです。女性の方が家事が得意、男性の方が外での仕事が好き、と決めつけるのは傲慢な思い込みです。

私が学生の頃、「オタク」という存在は良いイメージではありませんでした（たしかにクラスメートとしては近寄りがたくて変わっていました）。しかしコンピューター技術が発展し、インターネットが普及したのは、かつてのオタクたちのおかげです。見方を変えれば、オタクは自分が好きなことに没頭できる素晴らしい研究者なのです。「コスプレ」という存在も、今では日本の文化のひとつになっています。海外で認められてようやく、「それも悪くない」と思い始めるとは、これまでの日本は本当に多様性を認めるのが苦手だったのでしょう。

「レズビアン」「ゲイ」「バイセクシュアル」「トランスジェンダー」「アセクシュアル」など、性的指向も、その人の個性に過ぎませんが、世に知られてきた頃は「少数＝おかしい」と眺められてきました。今では、それを非難する人のことを非難するというような風潮まであるのです。

世間の常識など、あっという間にひっくり返るということです。世間の常識に自分を合わせて物事を判断していると、その常識が変わるたびにあなたの意見や進み方も変えなくてはいけなくなるでしょう。世間の常識には関係なく、自分自身の本音の感覚で好きな方、「いい！」と思う方、居心地の良い方を選べばいいのです。

興味深いことに、前述のような「少数者」については認めることができる人が多くなっているのに、より身近な暮らしのスタイル、例えば仕事、結婚、出産、教育、介護のやり方などについては「新しい考え方」を受け入れられない人が多いようです。親が子供（今ではすっかり大人なのに）の生き方を限定したり、孫の生き方にまで口を出したり、それに反対されると「世間の常識」を持ち出して相手を縛るのが良い例でしょう。性的指向の「少数者」を認める姿勢を示すのは、それが所詮《しょせん》「自分とは関係ないもの」と捉えているか、そこまでの特殊例は認めざるを得ない、という、やはり「異常なケース」と捉えているからかもしれません。

それが世間の常識と合っているか外れているか、進んでいるか遅れているか、どこまで少数であるかなどには関係なく、それを本人が「心地よい、好き」と感じていればそれでいいのです。

ひとりひとりが自分の本音で居心地良く感じる「幸せな形」を選んでいいということ、それは完全にその人が自由に決めていいことです。それを眺める側は、「昔は違ったかもしれないけれど、それもいいんじゃない？」と捉える……その方がずっと楽になり、眺めるまわりの人たちの世界自体も進化するのです。

私たちは操られている

インターネットを開くと、自分の購入履歴から予想された「こういうモノもお好きでしょう?」という商品が、ページに示されることがあります。

今朝それを見たときに、「これは恐《こわ》いことだな」と思いました。一見、便利ですが、過去の思考の延長でしか、ものを考えないようになっていきます。そして、提案されている選択肢以外には考えられなくなる……。

今朝の天気予報は全国的に雨でした。夕方から暴風雨になるという予報を見て出かけるのをやめたのですが、「そこまで暴風雨でもない今」を見ると、行けば良かったという気持ちになります。台風ならともかく、細かい天気予報に振り回され過ぎです。ここまで詳しい天気予報や人の好みを機械が決定する必要あるかな? という疑問を持つのではなく、外からの情報に振り回されず、自分の心で判断することが大事になってきているのです。
なぜかといえば、与えられているものの中に必ずしも正解があるわけではないからです。

これまでの日本は「選択肢の教育」が主流でした。テストにも選択問題が多く、選択肢の中に必ず答えがある（はず）という前提で進みます。

テスト問題の答えはひとつの正解だけだとしても、社会に出れば、提示されている選択肢に正解がないこともたくさんあります。また、その正解も、誰の基準によるものかはわかりません。自分の心ではどれに対しても気持ちが動いていないのに、そこにある選択肢の中から、無理をして、妥協して、消去法で、どれかひとつを選んで進まなくてはいけないような気になってくるのです。もちろん、そのような我慢が必要なときもあります。ですが「今はこの中から選ぶ必要がある」と自分で納得して選択するには、日常で「自分の本音で選ぶ」ができている人でなくてはなりません。

選択肢の中に自分の心が納得するものがなければ、第2、第3のものを選択して構わないのです。

例えば前述した「主夫」という形について。本当は「夫が完全に家事と育児を担うスタイル」を選びたいと思っているのに、選択肢の中に「主夫」という形がなければ選ぶことができません。

「夫は仕事から何時までに帰ってくる」

「夫もこの部分の家事は担当する」

「育児はここまで参加する」

というような選択肢は、「夫も分担する」という、あくまで女性が家事の主体という前提で、その人たちが本当に望んでいる形ではないのです。選択肢の中だけで選ぶ癖がついていると、その外にある、より自由で解放的で自分たちに合っているアイディアが出てこなくなるのです。


安易な言い方ですが、「楽しく豊かに生きている人たち」は、「選択肢にはなかったこと」を選んだ経験をしています。それは、「その範囲の中で選ばなくてはいけない」という枠が初めからないからです。「ここには自分の望んでいるものがない、それなら作ろう、それができる環境にしよう」というのが成功者（心地よく暮らしている人）の考え方です。
もっと簡単に（乱暴に？）言えば、自分の生活スタイルにおける選択は、「あなたの思ったようにしていい」ということです。
この年齢になってそれをするのはおかしい、
この経歴でそれを始めるのは恥ずかしい、
ここまで続けたものは（本当はもう嫌なのに）やめられない、
そんな方法は世間に例がない、
それがうまくいく保証はない。
それらの考えはすべて、自分ではない他人の過去のデータと、自分の思い込みから出てきているもので、それが「正解」ということではないのです。

「好きなこと探し」の落とし穴

世間の決めた「正解」を選んで、幸せになるでしょうか？

その「世間の正解」は、あくまで、あなたのまわりにいる誰かや、属している社会の価値観でできています。言うまでもなく、あなたにとっての正解は、あなた自身が「これが好き、ホッとする、これで良かった」と思えることです。

もちろん、大勢のやっていることが正解でもありません。例えば、猫ブームだからといって猫を「かわいい〜」と思う必要はないし、猫グッズを追う必要もないし、ハロウィンが流行っていても、興味がなければ参加する必要はないのです（例えばです笑）。

逆に、心からそれが好き（いい！）と感じれば、大多数の人が同じように思っていていなくても関係ありません。選択の基準を自分にするということ、自分の人生の決定権を、他人や世間に譲り渡さない、ということです。

メディアで「こういう暮らしのスタイルがある」と取り上げられて初めて、「そういう生き方をしてもいいんだ」と思ったり、「世間で話題になって初めて、同じように感じていた自分の感覚に自信を持った」という人が多いのは、「常識やマニュアルに沿っていることが安心（正解だから）」と思い込んでいるためです。

資格を取得するとホッとする人が多いのも、そのひとつでしょう。（資格がなければできない職業は別ですが）資格や級があることと、センスや技術、世間での認知度などは別物です。資格があってもなくても、それが好きであればやればいいのです。

昨今、「好きなことを追求する暮らし」にスポットライトが当たるようになった途端、今度は「好きなこと探し」を始めてしまうのも、「正解探し」と同じです。

「どうしたら自分が打ち込める好きなことが見つかりますか？」という質問をいただくことがありますが、好きなことは考えて作り出すものではありません。知らないうちにやっていることや、自分は自然にしていたけれど実は他の人より頻度の多いことなど、既に日常でしていることの中にそれがあるかもしれません。好きなこととして新しい何かを始めなくていいし、人に話せるはっきりした「好きなこと」である必要もないのです。「好きなことが今は特にないなら、それもそれで良し」です。もし、それでも絶対に見つけたい、と思うのであれば、私の場合は「自分の好きなことが絶対に見つかる」と、まず強く思います。強い意識は、それと同じ事柄を引き寄せるからです。

私はこれを「宇宙にオーダーする」という表現をしていますが、一度それをしっかりと宇宙に宣言した後は、日常生活で自分の心が少しでも反応することをなんでもやってみます。ためしにやってみて、違うと思ったら気楽にやめればいい……。一度始めたことを簡単にやめるのは良くない、という思い込みも必要ありません。どんどん変えていいのです。

選択するものも進み方も、「すべて自分の感じ方で居心地の良い方でいい」とわかると、「こうしなかったらダメ、失敗、不正解」ということがなくなります。自分の本音の通りに進み始めると、そこで初めて自分のやりたいことが見えてきたり、好みがわかったりしてきます。難しいことは何もなく、選択の瞬間に、ただ「自分が好きな方、居心地が良い方、楽しく感じる方」を選べばいいということです。

絶対にうまくいく「王道」はこれだ！

多様性が認められてあらゆることに選択肢が増えた結果、「王道」や「うまくいくマニュアル」というものも無くなってきています。

先日、関西で開かれた私の講演会の主催者と話をしたときにもこれを強く感じました。講演会を主催する場合、従来の常識からすれば、主催者は大きな団体や影響力のある人がなった方が全体の成功につながりやすいものでした。人脈を頼った集客や、公の媒体による宣伝力が重要だったからです。５００名前後の講演会であれば当然です。

ところがその主催者は、日頃から大人数と交流するのが苦手であり、経営者でしたが地元企業の経営者団体などにも加入していませんでした。しがらみや義理での付き合いに時間を割くことに意味を見出せず、苦しさの方が強かったからです。

そこで、自分が居心地の良い方法で集客を始めました。心から信頼している好きな人たちだけに講演会の思いを語り、それに心から賛同してくれる人だけで広げていったのです。主催者がそのエネルギーで動けば、純粋にその講演会を成功させたいという人だけが集まり、しがらみや仕事上の付き合いで応援する人は出てこない……その結果、その方法でキャンセル待ちの状態になり、質の良い素晴らしい講演会を成功させることができました。

同じように、ひとりの主婦の気持ちの盛り上がりから講演会を開催するためのチームが生まれ、１０００人近くの講演会になった例も多々あります。

「話す側」としてそれらを体験しているうちにわかったことは、成功する講演会に共通しているのは、主催者が自分に合った集客方法をとっていたことです。決して前述の方法がうまくいったからそれを選ぶのではなく、より自分に合っている居心地の良いやり方をそれぞれの主催者が選択していました。

考えてみれば当然です。目指しているところは同じでも、その方法が得意な人もいれば苦手な人もいて、自分たちに無理のない方が気持ちが乗るに決まっているからです。

そのワクワクした盛り上がりはまわりの人たちに伝わり、チームが盛り上がれば、更にそのまわりの人もそこに参加したくなります。その「ひとりひとりが楽しむリラックスした状態」からはアイディアも生まれやすくなり、結局は集客につながるのです。するとそれを見た次の主催者が、「その方法が許されるのなら！」と、また独自のやり方を実行していきます。

これはSNSでの集客が主流となった現在でも同じです。SNSもエネルギーであり、そこには発信者の思いが強く乗ります。王道のやり方やマニュアル通りにすることが成功の秘訣ではなく、発信者の純粋な気持ち、思惑のない気持ち、簡単に言えばワクワクしたエネルギーが、発信した先に大きく影響を与えるのです。

これまでの常識から考えると「そのやり方で大丈夫だろうか？」と感じたものがうまくいくのは、それが新しいからではなく、関わっている人たちに無理のない居心地の良いやり方だからです。

つまり、その方法、進め方、形は多様ですが、「本人が居心地良くワクワクしているか」が、うまくいく王道になっているのです。

本当はやりたかった――私が最近あきらめたこと

梅雨が明ける少し前、東京は一日のうちに何度も局所的な大雨の降る天気が続きました。さっきまで晴れていたのに突然バケツをひっくり返したような雨……それが始まると一瞬でずぶ濡れになってしまいます。3歳の息子もこれに慣れてきて、散歩途中に空から雨の気配を感じると、すぐに近くの建物に避難するようになりました。

あるとき、同じようなゲリラ豪雨が始まったので、息子と一緒にすぐに近くのビルの車寄せで雨宿りをしていたところ、突然、息子が雨の中に飛び出しました。あっ、と思う間もなく、オフィスビルの広い中庭の真ん中で空に向かって両手を広げて踊り出したのです。手をゆらゆらさせたり、走ったり、クルクルまわったり……。まわりで雨宿りをしていたビジネスマンたちは、それを呆気《あっけ》にとられて眺めており……私は心の中で「オーーーー」

と驚きと感心の声を上げていました。

「あんなこと、もうしたくてもできない」という羨《うらや》ましい気持ちでした。

息子は一通り踊ると気が済んだらしく、こっちに戻ってきて「フーッ」と満足げにため息をつきました。全身から水を滴らせて……。

「どうして踊ったの?笑」と聞いてみると、「楽しそうだったから」と言いました。

考えてみると、私もまわりに誰もいない場所だったらやりたかった、やれたかもしれない……。公の場である外では、見知らぬ人たちの目が気になるのでできない。でも外から見えない隠れた場所だったら本当はやってみたかった……ということは、私の行動を制限していたのは「人の目」だけになります。人にどう思われるか、濡れて戻ってきた後どうするか、私自身は濡れるのは構いませんが、まわりにどう見られるか……やはり気にしているのは「人の目」なのです。

それって……本当にもったいないことだなぁ、とつくづく思いました。せっかく「楽しそう、面白そう(私もやりたい)」という思いがあるのに、それができない。

社会で生きていく上での「TPO」は大切なことですし必要な場面が多くありますが、

何にも属していない（＝自分だけに属している）自由な時間まで、人の目を気にし過ぎているような気がしたのです。

私は日頃から「楽しい、ワクワクするという基準だけでそれを選んでいい」という感覚には慣れています。慣れているし、その気持ちだけで選択することがほとんどです。

ですがそれができるのは、「先の展開があるような事柄」だけ……つまり、この「雨に打たれる」というような、先のなさそうなことは、いくらそれを楽しそうと思っても「やっても仕方ない、何もない（もう知っている）」というように、結果を予想してやらないことが多いような気がするのです。

それを楽しそうと思っているのに、やらない……。

「楽しそう」以外に、それをする理由なんて必要ないのに……。

私たちは「地球に遊びに来ている」という表現をよく聞きます。どんなことでも、それを体験したからこそわかる感覚や発見があるのに……体験するだけで「ミッションクリアー」なのです。近頃は、本当に息子に教えられることが多いです。

それは「本当に」あなたのやりたいこと？

先日、あるイベントで「本当のやる気」というものについて話をしました。

夢や望みができると、初めは誰でもやる気が出ます。ですがそれは日毎にしぼんでいく……どれほど意志の強い人でも、最初と同じようなモチベーションをずっと維持することは難しくなります。

「本当のやる気」を維持するためには、その大前提として、その夢や望みが「本当に自分の望んでいること」である必要があります。

当たり前かもしれませんが、思い違いをしている人も多い……例えば、「作家になるのが夢です」という人の話をよく聞いてみると、それは作家になりたいのではなく、「作家になって有名になりたい」とか、「印税生活をしてお金を得たい」ということが本来の目的だったりします。その目的が「良い、悪い」ではなく、それは作家にならなくても達成できるものです（むしろ、この場合は作家では遠回りかと……笑）。

ある男性の夢は、ポルシェに乗ることでした。ですがよーく本音を探っていくと、その夢の理由は、自分の好きだった女性の付き合っていた人がポルシェに乗っていたから、というものでした。それは言うまでもなく、「ポルシェ」という車が好きなのではなく、そこに別の思惑が乗っていることがわかります。この男性が味わいたい感情や状態は、ポルシェを獲得しても満たされることはないでしょう。

私にもありました。「その形を望んでいると思い込んでいたけれど、それによって経験したい（味わいたい）と思っていることは、実は別の形でも満たされる」ということ。つまり、「形」はそれじゃなくてもいい……その証拠に、「それを望んでいるはずなのに、いざそこに進み始めようとするとワクワクしない」というおかしな気持ちの状態になりました。望んでいるはずなのに楽しくないって……笑、これが頭で考えていることと心が本当に望んでいることがズレている状態です。

同じようなご質問は読者の皆様からもよく届きます。それを望んでいるのに、動き出そうとすると気持ちがモヤモヤする……これを繰り返していると、有言実行できていない自分や、やる気がない自分自身にへこむのですが、実は原因はそこではなく、それ自体を本当に望んでいないからなのです。それを望む理由が、例えば誰かを見返してやりたいというものだったり、自分の存在感をアピールするためだったり、誰かとの比較から出てきた夢であったりなど、本来のその事柄自体にワクワクするものではないと、「本当のやる気」は出てきません。

「本当のやる気」を感じられないときは、今望んでいること（形）によって自分は何を得たいと思っているのか、どうしてそれをやりたいのかを見つめてみてください。今の自分の状態や世間の目や過去の体験、まわりからの期待などには関係なく、まっさらのゼロの状態で「本当にそれを望んでいるか」です。本当に望んでいることが見つかると、それだけでワクワクするはずです。そしてこのワクワクが、「本当のやる気」につながっていくのです。

忘れないでください。スタート時点でワクワクしないものに、「本当のやる気」を維持させることはできません。

他人の一言に振り回されていませんか？

先日、数年ぶりの知人にバッタリ出会いました。

会っていない数年の間に新しい仕事を始めていて、見違えるほど生き生きしていました。

以前抱えていた悩み事からも抜け出したらしく、自分の夢と好きな仕事に向かってワクワクと過ごしている様子が伝わってきました。

「実は、僕が起業したのは浅見さんの一言がきっかけだったんです」

と言われて驚きました。そんなつもりで言った覚えはまったくなく（言葉自体を忘れており）、今聞いても、それのどこが相手に響いたのかわからないほどの些細《ささい》な一言だったからです。

あなたが何気なく言った一言が、想像以上に相手を喜ばせることがあります。

逆に知らない間に傷つけてしまったこともあるでしょう。もちろん、あなたは大した意味もなく言ったことなのに、です。

つまり、あなたがもし誰かから嫌な意味で気になる言葉を言われたとしても、深読みをする必要はまったくないということです。あなたがそう受け取っただけで、相手は深い意味もなくポロッと口にしただけ、ということもたくさんあるからです。

夢や望みについてまわりに話すときも同じです。あなたが自分の本当にやりたいことを見つけて興奮して話しても、たいていの人はまず無反応。

「へえ～、そうなんだ……、頑張ってね」と言ってくれるのはまだ良いほうで、「そんなことできるの？」「難しいんじゃない？」「今からそんなことしてどうするの？」「それでうまくいった人なんていないよ」というような、「やめた方がいい」というニュアンスを含んだ返事をされることも多々あります。期待した反応が返ってこなくて、ガックリすることもあるでしょう。

でもそれは、あくまで相手の感覚によるものです。またはあなたの夢が羨ましかったり、実際にそれと同じことをして失敗した人がまわりにいたりなど、どちらにしても、その人の感想に過ぎないのです。

逆に、相手に似たような成功体験があれば、応援してくれるかもしれません。つまり、その人自身の主観的な意見であり、あなたの将来を予言するものではありません。仮に相手やまわりの人にそれと同じ失敗体験があったとしても、環境も状況も性質も違うあなたが、相手と同じ結果になるとは限らないのです。

せっかくやる気いっぱいになっている気持ちを、他人からの一言でしぼませるなんてもったいないことです。

もし他人の言葉が気になってしまうようであれば、つぶされたくない夢は話さないことです。「叶《かな》えたいことは口に出した方がいい」とされるのも事実です。ですがそれは、あなたの気持ちを上げてくれる前向きな捉え方をしてくれる人に対してのみです。相手の反応を聞いてあなたが前向きな気持ちになれなければ、話す意味がありません。

言葉の使い方は１００人いたら１００通り、何気ない誰かの一言を深読みしないこと、あなたを明るくさせてくれる言葉だけを心に採り入れることです。

悪口を言われたらこう思おう！

「他人の一言に振り回されなくていい」という話の続きです。

あなたが、あなたの感じる「普通」に暮らしていて、人並みにまわりの人に誠実であろうと思い、その人との間に特別な事件があったわけでもないのに悪口を言われたり、明らかに悪意のある陰口を叩《たた》かれたりしたら、それは相手の問題です。あなたの言動の一部にそこまで「カチン」と来てしまう相手の心の闇や背景、トラウマの問題……ですから、それをあなたが気にする必要はありません。

例えばあなたが不妊治療をしていたとします。そのとき、目の前で子供のことを楽しそうに話す友人に、あなたはムッとして反論してしまいました。それを知らなかった相手はビックリ。これは、あなたに「そういう受け皿」があったからこそ反応してしまったという、あなた自身の問題であり、相手はそれを気にする必要はありません。

逆にあなたの立場で、仮に相手が、悪意を持ってあなたを傷つけるためにその話をしてきたとしたら、ますます気にする必要はありません。その人が発した言葉、まわりにした言動は、必ずその人自身に返るからです。

それを気にして自分事《じぶんごと》と捉えた時点で、あなたに影響が出始めます。

よく「あの人の言葉で傷ついた」と自分が被害者のように話す人がいますが、その言葉に傷つくのも自分の責任です。「傷つく」という捉え方を自分で選んでいるからです。

自分が考えることは、100％自分で決めることができます。想像もしていなかった捉え方をされたり、気になる言葉を言われたりしたときに「自分が悪いのかもしれない」と捉えることもできるし、「そういうふうに捉える人もいるんだぁ」で終わりにすることもできる……完全にあなたが自由に選ぶことができるのです。

そして、基本的に他人の考えていることはわかりません。「この間のあの言葉、あれはこういう意味？」といちいち確かめることはできないし、確かめたときに相手が本当のことを言うかもわかりませんｍ笑。相手がそれをどこまで深く（軽く）発したかもわからず、その言葉の意味も人によって違い、絶対的に正しい価値観もありません。結局、言われた言葉をあなたが自分の解釈で受け止めるしかないのです。

ということは、自分にとってストレスのない心地よい捉え方をするに限ります。真実は確かめられず、確かめられたとしても、所詮、相手の価値観なのですから……笑。

瀬戸内寂聴さんと林真理子さんが対談されたときに、人から悪口を言われたときの「究極の捉え方」についてお話しされていました。

「自分の悪口は、言われれば言われるほど人気がある証拠」

笑いました。確かにこのように定義すると、それを聞いてただ憂鬱になって終わる、ということはなくなります。

人は、その人の自由に物事を捉える権利があります。

自分のことをそんなふうに捉えた人のことを残念に思う必要もないし、改めさせる必要もない、ただ「そんな人もいるんだぁ」と流すことです。

自分の幸せを優先していい理由

あなたは、「自分のことより、他人のことを考えなさい」と教えられて育ちましたか？

恐らく昭和の時代には、「自分を犠牲にして他人のためを考えられる人が素晴らしい」という教育の方が圧倒的に多かったと思います。

時代が昭和から平成、令和へと移り、この感覚はよりソフトなものになりました。つまり、自分を犠牲にするのではなく、「自分のことも大事にする」という感覚がようやく見直されてきたのです。

自分を犠牲にして他人のためを……は一見素晴らしく感じますが、その方法は長続きしないのです。

私自身は、世界（まわり）を幸せにするには、まず自分が幸せになって毎日ワクワク生きることが先、と思っています。

考えてみてください。あなたがあなたの生活に心から幸せを感じているときは、自然とまわりの人に対して広い心を持てるようになりませんか？　相手が何か問題を起こしても、「きっと、相手には相手の事情があったのだろう」というように、視野を大きく持てるようになります。まわりの人の幸せにも自然と手を貸したくなります。「自分と同じように、あなたにも幸せになってほしい、そのためにできることは協力したい」とみんなで一緒に幸せになろうとするのです。

ところが、自分が満たされていないのに他人を優先して考えようとすると、いつか必ず、「自分がこんなにしてあげているのに、相手は何もわかってくれていない」とか、「どうして相手ばかりが幸せになって、自分は不幸なのか」というような、相手にあって自分にないものに目が向き始めます。心の奥底では「足りない、足りない」という波動で動いているので、それを感じ続ける状況、それを強める条件が揃ってしまうのです（これがいわゆる引き寄せの法則です）。

自分の生活に心からの幸せを感じていない人が他人の幸せに手を出そうとすると、お互いの「足りない、不幸、助けて」という気持ち（エネルギー）を増幅し合うことになります。また心の奥で、「これだけ人のために動いているのだから、何か良いことがあるだろう」という、結局自分のことを考えた動きになっていることもあります。

あなたのまわりに、悲壮感や使命感いっぱいであなたを助けようとする人と、明るく幸せそうなエネルギーの人がいたら、どちらに癒されるでしょうか？　どちらの世界の仲間入りをしたいと思うでしょうか？

本当に幸せな人は、そこにいるだけでこちらが自然と影響を受けます。そのエネルギーのように自分もなりたい、と思います。または無意識に刺激を受けて、自分の目の前のことに真摯《しんし》に向かう気持ちになったり、大切なことを思い出したりします。

つまり、その人が自分のことをしているだけで、まわりに影響を与えることができるのです。好きなことを一生懸命するだけで世界を幸せにすることができる、と言われるのは、こういう意味です。

他人の幸せを心から望む状態になるためにも、まずは自分の幸せに責任を持つことです。

あなたが世界に貢献する方法

「自分が幸せに生きると、まわりの人の幸せに貢献する」ということを、日常レベルで実感できることがありました。

ある朝、私はどうにもやる気が出なくて、目が覚めたままベッドの上でゴロゴロしていました。仕事をするにも、このまま寝続けるにも、テレビを見るにも、そのときハマっていた本を読むにも、何をするにも気が乗らない、楽しくない……。

おいしいコーヒーを飲みに行こうか、と思っては、「疲れるだけだな」と思い、会うといつも元気になるあの人に電話してみようかな、と思っては、「だいたい話の結末が見えている」なんて思い……そんなどうしようもない自分にまた憂鬱になって、とりあえず、スマホを開いたのです。

たまたま（実際は、偶然はないのですが）、電話の連絡先のページが開いていて、一番上に昔からの友人の名前がありました。

彼女とは1年に1度連絡をとるくらい、最後に会ったのも1年ほど前、小さな3人の子供がいて最近4人目ができたらしく、生活スタイルも見ている方向も、今の私とはまったく違う人でした。それは今だから違うのではなく、学生の頃から同じことを体験していても見ているものが違うという「根本的に違う人」だったのです。

ですが私が彼女を好きだったのは、彼女の暮らし方、丁寧な生活の楽しみ方、というようなものでした。経済的に豊かとは思えない状況で4人目の子供を授かり、子供たちの世話と、家族の食事作りだけで一日が終わるという超ハードな生活なのに、できる範囲でオーガニックな食べ物を採り入れ、節約しておしゃれを楽しみ、夜中までかかってお手製のおもちゃを作り、まめに家族で出かけ、私のうちに来るときに手作りのサラダ（ものすごくおいしい）を持ってきたりするのです。

そこに「頑張っている感」や「悲壮感」はなく、彼女が本当にその作業ひとつひとつを楽しんでいることがよく伝わってきます。それが子供にとって良いことだろうから（本当は面倒で苦しいけれど）やっている、のではなく、本当に自分がそれを好きでやっているのです。

ですから当然、「私、毎日充実していますアピール」のようなものもありません笑。彼女は彼女の世界を楽しんでいて（それは私の感覚とは違うことも多いのだけれど）、確実に幸せに暮らしていることが自然と伝わってきて、その雰囲気に癒されるのです。

その彼女のことを考えていたら、それだけで、私はいつの間にか楽しい気持ちになっていました。まずおいしいコーヒーを淹《い》れて掃除でもしようかな、という気分になったのです。

彼女の波動が、こちらに伝わってきたからでしょう。思い出しただけで、影響を与えているのです。

こんなところで私のやる気アップに密かに貢献していることを、もちろん彼女は絶対にわからないでしょう。自分が幸せになると、それだけでまわりの人（世界）の幸せに貢献していると思いました。

自分を大事にしないとこんなことが起こる

自分が幸せになるためには、まず自分のことを大事にすることです。

それはもちろん、他人を蹴落として自分を大事にする、ということではなく（そんなふうに捉える人はいないと思いますが笑）、自分の本音を丁寧に聞いてあげる、自分をないがしろにしない、ということです。


Xさんは、友人たちとの旅行先で「自分だけ○○がない」という体験をしました。

例えばみんなでレストランに行くと、自分が座った席にだけ箸《はし》がない、自分の分だけエステの予約がされていない、自分の部屋だけお湯が出ない、空港で自分の荷物だけ検査される、などが起こり、他にもたくさんの「Xさんだけ……」がありました。

箸がない、というくらいは、「持ってきてもらえばいい」と感じますが、一緒にしたはずの予約が1名分だけ入っていないとか、Xさんの部屋だけに不具合がある、などになると、たしかに重なり過ぎのような気がします。

これを見ていたXさんの友人は、「彼女はいつも自分のことを大事にしていないから、他者からも大事に扱われないのかもしれない」と言いました。

いつも人のことを気にかけて自分の本音を言わない……これは、Xさんに対して同行していた誰もが感じていたことでした。一見、人のことを気にかけて他者を優先させるのは良いことのような気がしますが、それぞれがまず自分の希望や本音を言ってみる、その上で噛み合わないところは調整する、という形にしなければ、予定が決まりません。

彼女が「良かれ」と思って気を使った部分は、価値観の違う他人にしてみれば「ありがた迷惑」のこともあるのです。そして本音を言わずに他者を優先させていることなど誰にもわからないので、Xさんが言った通りのことがXさんの望みだとみんなが思います。

そして、それが本音であってもなくても、理由もなく自分を一番最後にする（自分を大切にしていない）エネルギーが、ハズレくじをXさんの元に集結させる結果となったのです。ある意味、「Xさんの思い通り」のことが起きています。

自分が自分自身をどう思っているか、それと同じ事柄を自分が体験することになります。自分のことを「何もできないつまらない者」と思い込んでいるのと、「なんでもできる影響力のある存在」と思い込んでいるのとでは、同じ人でも起こることが同じはずがありません。それによって服装が変わり、姿勢が変わり、言葉遣いや立ち居振る舞いが変われば、その先に起こることが変わっていくのは当然なのです。

自分を大事にしないとこんなことが起こる、続き

自分を大事にしていないために、それに見合う事柄が集まってしまったXさん。旅行の後半、更にXさんだけがスリに遭い、お金を盗られてしまったのです。これもある意味、Xさんの思い通りのことが起きていると言えるかもしれません。お金はエネルギー、自分ではなく他者にエネルギーを注ぐという言動が、お金という形でも実現したのでした。

自分の本音を抑えた必要以上の気配りは、相手にしてみたらありがた迷惑、になることもあるでしょう。

例えばエステの予約について、旅行に同行していたAさんは、初めに提案された時間に

観光の予定を入れていたため、予約を担当してくれたXさんに、エステを別の日に変えてもらえるかどうか旅行の前に連絡をしました。するとしばらく経って、「全員が一緒に受けられるように、全員を別の日に移動しましたのでご安心ください」という返事がきたと言います。

Aさんにしてみると、同じ部屋で一緒に受けるわけでもないのに、なぜ全員が同じ日の同じ時間帯に受ける必要があるのか疑問だったそうですが、せっかくそうしてくれたのでそのまま当日を迎えた……すると何かの手違いで、たまたまXさんの名前が漏れてしまい、Xさんだけがそのコースを受けられなかった、という結果になったのです。

そもそもAさんは初めから「エステを受けたい」という希望を出していたわけでもなく、みんなと一緒に受けなくても構わなかった、そして同行していた人たち全員が、Aさんと同じような感覚で動いていました。

つまり、皆さん「希望があればきちんと伝える」という自立した人たち。それなのに、変に気を回してひとりで駆けずり回っているXさんだけが本音で動いていないため、しわ寄せがみんな彼女のところに来たというのです。

自分を大事にするとは、決してエゴやわがままではなく、「自分も他人と同じ大切なひとり」として扱うことなのです。

罪悪感のない自画自賛

先日、読者の方からこんな質問がありました。

「浅見さんはよく『自分を褒めてあげる』という表現をされますが、私は自分のことを褒めると妙な罪悪感が残ります。自慢しているような感覚にもなります。自然に受け入れられる自画自賛とはどういうものでしょうか？」

という内容でした。

私の捉えている「自画自賛」とは、自分のしたことをきちんと認めてあげる、というものです。例えば同じことを他人がしているときに「よくやっているなあ」「頑張っているなあ」「えらいなあ」と思うのと同じように、自分がやったことに対してもきちんと認める、ということです。

当然のことですが、日常の小さな作業は他の人には見えません。「わかってもらうほどではないけれど、それなりによくやった」と感じること、ありますよね？　それをいちいち認めて理解してあげるのは自分にしかできません。そして小さなことでも褒めてあげると、自分の気持ちが良くなります。そして次のやる気につながるのです。特に、自分が喜ぶ言葉は自分が一番よく知っています。

本当によく頑張っている、

今日もひとつひとつ進めることができた、

これもきっと何かの助けになっている、

どうもありがとう……、

など、他人に言われてうれしい言葉を自分でも言ってあげるのです。

ある意味、自分の感情を上手に騙《だま》してコントロールする作業、とも言えます。

「モチベーション」というのは、実際に起きた事柄ではなく、実は自分自身の感情に関係していいます。何気ないことを褒められた途端、それまでやる気のなかったことに対しても急にモチベーションが上がったりするのは、単に自分の気分が変わったからです。そのモチベーションを他人に上げてもらおうとするのではなく、自分で上げるのです。

ですから、その自画自賛を他の人に話す必要はありません。たしかに伝え方を間違えると自慢と受け取られたり、お気楽過ぎるように思われたり、知らないうちに同意を求めているこ とも ある……そこに罪悪感が生まれたり、相手のしている大きさに比べて自分は、という余計な比較が生まれることもあるからです。

小さい頃、親や大人が褒めてくれると妙に張り切る感覚になったのと同じこと……自画自賛は、自分の気持ちを上手にやる気にさせてあげる方法なのです。

自分に点数をつけるとしたら何点ですか？

今の自分に点数をつけるとしたら、何点ですか？
あるとき友人にこの質問をされ、その場にいた私の母が即答しました。

母「100点だわ〜笑」
私「私も100点だな」
友人「だよね〜!?　私もそうだったんだけど、大半の人は60点とか70点とかつけるんだって」

と聞いて納得でした。私も「100点」と答えましたが、「でも自分の欠点に意識が向いている人は100点にはならないだろうなあ、そして日本人はほとんどがそっちのタイプだろうなあ」と思っていたからです。

自分の欠点や足りないところ、または他者との比較を基準にすると、もちろん私も自分に100点はつけられません。50点も難しいような気がします。

ですが、その「自分に足りないところ」を助けてくれる人がたくさんいたり、今日も笑えることがあったり、やりたいことがあったり、人を含めたいろんなもののおかげで自分が成り立っていると思うと本当にありがたい……という「満足度」という視点で見ると、間違いなく100点なのです。こんなに足りないのにこんなに楽しく過ごさせてもらえているなんて、間違いなく100点です。

面白いことに、私から見て人生を楽しんでいる人たちは、だいたい「100点」と言い切ります。

その人たちに共通していることは、今自分に足りないものではなく、「今自分にあるものにフォーカスしている」ということ。あるもののことを考え始めると、感謝と幸せが湧いてくる……ですので、実際のその人の状況がどんなものでも、たいてい同じような答えになるのです。

現状に満足すると成長がなくなってしまうような気がしますが、「今」に幸せを感じているとエネルギーが高くなるので、物事への意欲はますます高まります。目の前の幸せを感じつつ、より大きなワクワクのために動き始める、という感覚です。

そして、その幸せな気持ち（エネルギー）と同等のことが引き寄せられてくるので、「今」に感謝をし始めると、ますます良いことが頻発するようになるのです。

「自分のことを100点と言い切るのは図々しいような気がするけど、自分に与えられているものに満足して感謝して暮らしているという意味からしたら、60点なんて言っている人よりずっと謙虚なんじゃないの？」

と言い合って笑いました。

第2章

引き寄せの法則の使い方

ステージが変わると、人間関係が変わる

自分が何かに意識を向けると、それに関係ある（つながる）出来事が日常生活に起こり始めます。自分の意識と同等のものを引き寄せるという「引き寄せの法則」です。

変化をわかりやすく感じられるのが、人との関係です。新しいことに意識を向けた途端、しばらく音信不通だった人から連絡があったり、今まで近くにいた人に距離を感じたり（合わない部分が出てきたり）、新しいコミュニティの中に突然放り込まれたりすることもあるでしょう。

特に、今の自分にはハードルの高い夢を「叶えたいこと」とすると、急激に人の入れ替えが起こる場合があります。たいていの場合、初めはその新しいコミュニティに疎外感を覚えます。

わかりやすい例として、年収数百万円のAさんが「年収数千万円になる！」と決めたとします。または、「世界で活躍する〇〇になる」というような、今のAさんには大きな夢を設定したとします。毎日それを意識していると、それを実現している人たちと自然と知り合います（これが引き寄せの法則の驚くべきところです……）。

ところがそのコミュニティは、それにふさわしい人たちの集まりであり、生活スタイルやものの考え方など、これまでのAさんとは違う何かを共有している人たちです。そこでAさんは、今までの自分では太刀打《たちう》ちできないように感じたり、あまりに段違いの世界をのぞいて「自分にはとても無理」というような疎外感を覚えたりするのです（誤解のないように言っておきますが、年収数千万の人の方が数百万の人より素晴らしい、ということではなく、単にそれぞれの種類に合った考え方がある、という意味です）。

今までの環境にいる方が、楽で、安心で、居心地良く感じるかもしれません。

でも考えてみると、Aさん自身が「それ」を実現するためにはその変化が必要であり、だからこそ、そのコミュニティに出会っているのです。

夢を実現するには、その夢にふさわしい状態にならなければなりません。それは頭で考えた必要な知識や条件を備えるということだけではなく、人間性を磨いたり、考え方の枠を広げたり、その夢のステージに合った自分に変化する過程も含みます。

今までとは違う世界を知ると、誰でもそこに恐れを感じるものですが、新しく出会う人は新しい自分の意識にふさわしい、新しい自分が引き寄せている人だと思うと、変化できるチャンスに感じられます。

そしていつの間にかそのコミュニティの考え方が普通になり、違和感がなくなった頃に夢が近づいてくるということはよくあります。

自分が意識を向ける先が変わると、まわりに起こる物事が変わっていきます。それを偶然と思わず、「早速変化が起き始めている」と捉えることが、引き寄せの法則を実感し、それを加速させていく初めのコツです。

次にするべき「サイン」が来る

望むことに意識を集中すると、それを実現するために必要な情報が集まり始めます。それは思わぬ方法でやってくる……さすがにこんなに小さなことは偶然だろう、と思えることにも、そこに意図があって起こっています。

私は数年前から執筆以外（デザイン関係）の仕事もしていますが、今年から、その分野で新たに進めようと思っている企画があります。完成のイメージはできているのですが、とにかく初めてのことなので、どこから手をつければよいのかわからずにいました。

数週間前のことです。メールの受信ボックスに数年ぶりの人からメールが届いていました。実はその方は、新しい企画について「ちょっと相談してみようかな」と私が思っていた人だったのですが、立場上、気楽に連絡をとれるような方ではなかったので時間が経ってしまっていた……という正にその人からメールが来たのでビックリしたのです。

ところがよく見ると、そのメールは数年前にやりとりをしたときの古いメールでした。どうやら、受信メールを古い順から並べるか、新しい順から並べるか、の設定ボタンを無意識に押してしまっていたようで、日にちの上下が並び替わり、数年前のメールがまるで今日来たかのように受信ボックスのトップに来ていたのでした。

でも、「これはサイン！ この方に連絡しなさい！」というお知らせだと捉えて手紙を書いたところ、そこから思わぬ話に展開し、それをきっかけに新規企画が動き出したのです。

メールの上下が並び替わるということは、私にとっては偶然ではなかったのです。

恐らく、「あの人に連絡をしてみようかな」と思いついたそのときすぐに行動に移していれば、メールが並び替わるという出来事は起きなかったかもしれません。その小さなアクシデントを通して、今するべきことをもう一度知らせてくれた……そう捉えると、自分のまわりに起こることはすべて意味があって起きていることが実感できて、面白くなります。思わぬ小さなことまで、あなたが新しく意識を向けたこと、それを実現するために必要なことが起きているのです。

そしてもうひとつ、直感のすごさも感じます。私が思いついたその人は、新規企画の分野に関係ある人ではまったくありませんでした。「なんとなく思い出した」という「ふとした感覚」であり、頭で一生懸命に考えて探したことではないのです。

意識していることに必要な情報やサインは、意外な方法でやってきます。

すべてを偶然と思わず、ふと目に留まった、心に残ったという時点でためしにやってみる……すると結果的に直感の感覚も磨かれてくるのです。

熱意は引き寄せる力を強める

11月にある講演会の打ち合わせで、主催者（Sさん）と一緒に福島県福島市を訪ねました。現地に着いて会場に向かう前に、Sさんの強い希望で会津美里町にある「伊佐須美《いさすみ》神社」にお参りしたときのことです。

そこは、2008年に不審火から起きた火災のために拝殿が焼失し、拝殿を含めた本殿の建て替えを計画している神社でした。まるで古代の出雲大社を連想させるような、地上数十メートルの高さに本殿が浮かび上がる建て替え計画に、全国から注目が集まっている社殿です（2021年現在、計画は白紙撤回されています）。

Sさんがお参りをしていたとき、たまたま奥から神職の方が出ていらっしゃいました。

「あれ？　あなたはたしか、以前もお参りにいらした……」とSさんのことを覚えていた……そして、Sさんが11月にある福島講演のことを伝えると、「それなら、今、宮司の時間が空いていますから」と宮司さんを呼んでくださり、思わぬご協力をいただけることになったのです。

日々、多くの参拝客がいる中で、神職の方がSさんの顔を覚えていたということ、今回の訪問のたった数十秒のお参りの間に、たまたまその神職の方が出ていらしたこと、たまたま宮司さんの時間が空いていたことなど、どれをとっても「ラッキーだったね」という偶然のなせる業です。

しかし、このSさんの講演会への情熱を知っていれば、とても自然に感じられることでした。Sさんの熱意がこのタイミングを引き寄せたのだろう、と同行した誰もが感じていました。

Sさんの福島への思い……今回の講演会の実現は数年前から温めてきたものであり、その実現に向かっての動きは、まわりが驚くほど情熱的でした。マニュアルではなく、本音で思いつく「今できること」に全力で奔走し、何よりも本人が喜々として動いている……どんな種類のことでも、どんな規模のことでも、熱意をもって一生懸命動くとき、そこには「偶然」という名を借りた「ラッキーな采配」が必ず起こるものです。

もちろん、そこにはSさんだけの思い込みもたくさんあったと思います。ですが、その思い込みの通りに展開していくのが引き寄せの法則のすごいところです。

意識がぶれない強い意志は、確実に引き寄せる力を強めます。

これは「念じる」という感覚とは違います。「念じる」というのは、そこに、より悲壮なエネルギーが混じったり、現状では難しそうなのでどうかお願いする、というような前提があったりします。これがなかったら不幸になる、という執着につながりそうな思い方です。

引き寄せる力を強める「強い意志」とは、そうなることを信じ込んでいる感覚です。「不安」が基にある行為ではなく、ただそうなることだけを見ている信念の強さのため、そこに迷いや不安や必死さもありません。ただ、そこに向かっているという強さです。

思い込みから来る強い意志による引き寄せの力を、久しぶりに間近で見た経験でした。

思い込みが現実を動かす――そこでタクシーを拾えるか！

先日のことです。ある会場のプレオープンの日、ご招待いただいていた入館時間ギリギリに車で到着し、近くのコインパーキングに停めようとしたら「満車」の表示が出ていました。驚いたことに、近隣の百貨店も巨大な地下駐車場も、その日に限って満車、こんなことは初めてです。ですが私はこうした車（特に駐車場）関係の「ちょっとしたラッキー」には自信があります。どんなに混んでいる時間帯でも、どんな繁華街でも、必ず近くに白枠やパーキングが見つかるのです。

そこでその日も、「大丈夫、必ず見つかる」という確かな感覚で、路地裏を1周しました。すると会場に最も近いコインパーキングから、ちょうど1台、車が出ていくのが見え、結果的にオンタイムで会場に入ることができたのです。

こういうとき、私はかなり本気で神様にお願いしています。「どうぞ力を貸してください」と。昔は「神様助けて〜どこか見つけて〜」というような冗談まじりでつぶやいていることが多かったのですが、お願いすると見つかる確率が上がることを何度も体験してから、真剣にお願いするようになったのです。それによって「必ず見つかる」と信じる気持ちも増すようになりました。信じ切ると実現する力（引き寄せる力）がアップするとはこういうことか、と私の身近で一番簡単に感じられる例です。

その数日後、ある繁華街の通りでタクシーを拾ったときに、同行していた人が言いました。

「ここ、いつもタクシーがつかまらないからラッキーでしたね」

私はその通りから頻繁にタクシーを拾っていたので驚きました。それを話すと、「え？ここ（通らないことで）有名じゃないですか？　だから○○（近くにある私たちがよく行く場所）に行くときは、絶対に自分の車で行くようにしているんですよ。帰りはまず拾えないから」

と言うのです。

意識のパワーとはすごいものです。その人は「ここは拾えない（だろう）」と思い込むことによって、拾えない現実を体験しているのでしょう。そして私は、それについて特に考えたこともないので、他の通りと同じようにタクシーが通る世界を体験しているのだと思います。毎年、インフルエンザにかかることを異常に心配している友達は、毎年予防接種を受けるのに毎年かかってしまう……それと似ています。

面白いことに、その知人によって初めて「ここは本来はタクシーがつかまりにくい場所」と知ったときから、私まで拾いにくくなりました笑。これまで5分以内に拾っていたのに、とにかく来ない……10分以上探してようやく、ということがその後何回か続いたのです。「そうか、来ないかもしれないんだな」と私が意識したからでしょう。

こんな小さなことで自分の意識の影響力を実感すると、自分が望んでいることに意識を向けたほうが絶対的にいいな、と改めて思うのです。

望んでいることと避けていることを引き寄せる

先日、東京の八王子であった講演会でのことです。

講演の後、30名限定のサイン会のために、会場の皆様に対してくじ引きをしました。800名のうち30名しか当たらない（当たらない確率のほうが高い）……それにもかかわらず、当選した30名はほぼ全員、「絶対に自分が当たると思っていました」と話してくれたのです。ひとりとして、「まさか自分が当たるなんて思ってもみませんでした」ということを言う人はいなかった……やはり「絶対に当たる」という強い意識の人の方が、その状況を引き寄せやすいのでしょう。

これを聞いた友人が、面白いことを言いました。

「僕は昔から、望んでいることの逆が現実になることが多かった。だから、わざと望みと逆のことを考えるようにしていた」

くじ引きでたとえれば、「当たりませんように」と思った方が当たる、と言うのです。

実はこれ、引き寄せの法則にかなっています。「当たらないように」と考えるのは、実は「当たり」を考えているのと同じだからです。

例えば、「貧乏にだけはなりたくない」と思うとき、それは「貧乏」をイメージしているのと同じことになります。貧乏という状況を思い浮かべ、それを詳しくイメージするからこそ「貧乏になりたくない」と思うわけですから、考えていることは「貧乏」そのものなのです。

つまり人は、望んでいることと嫌がっていることの両方を引き寄せていることになります。

引き寄せの法則には、「善悪の判断」がありません。あなたが強く時間をかけて考えていることを、そのまま引き寄せるだけなのです。「○○にはなりたくない」「○○だけは嫌だ」という思い方をすれば、その○○が引き寄せられてきます。

ですから夢や望みをイメージするときには、否定的な表現を避けることが重要になります。「貧乏にはなりたくない」ではなく「豊かになりたい」と思う、「病気になりたくない」ではなく「健康な体になりたい」と思う……というように、プラスの言葉を使った表現に言い替えるのです。

何かを望んでイメージしているのに、同時に不安でいっぱいになっていると、その両方を引き寄せてしまうので、結果的に現実にまったく動きがないということになります。この状態になっていると、引き寄せの法則を実感することができません。また、望みながら不安になっていると、右向きと左向きが相殺してしまい、進みが遅く感じるのです。

自分の思っていること、考えていることはそのまま現実になるという、ある意味、私たちはすでに「思い通りの人生」を生きているのです。

否定すると、逆に加速してしまう

「今のあなたが、こうなったら一番うれしいと思う望みを、現状に関係なく最大限に思い描いていいですよ」と言われたとしても、人は無意識のうちに、「現状からするとこのくらいの夢が妥当だろう」と、自分の枠の範囲内で夢を設定しているものです。それは心のどこかに、「これはさすがに無理だろう」とか「自分はこういうことができるタイプではない」というような思い込みの枠があるからです。

引き寄せの法則から言えば、あなたが純粋に意識を向け続けたことをそのまま引き寄せるので、心のどこかで「現状を考えるとさすがにこれは無理」という部分に焦点を当てていると、いつまでたっても「これは無理」という現実しか引き寄せないことになります。

夢を実現するときには、現在の良くない状態を改善しよう、とか、自分の欠点を克服しよう、など「今足りないもの」にフォーカスする必要はないということです。

例えば「新しい高性能の車が欲しい」と思ったら、その高性能の車だけに焦点を当てればよく、今古い車に乗っている自分を否定しなくていいということです。否定すればするほど、その状況を考えている（イメージしている）ことになり、その状況が加速するからです。

何かを変えたいと思うときも、変わっていない現在の「それ」を否定したり、そうなってしまった過去の原因を深掘りする必要はなく、もう変わっている自分、変わっている相手（環境）だけをイメージすればいいことになります。結果的に、過去に意識を当てる必要はなくなります。

本来の「夢」とは、「それを考えるとワクワクする」という質のものです。夢自体がワクワクするエネルギーだということは、自分自身がワクワクしたエネルギーに同調すればするほど夢を引き寄せられるということ……日常生活のすべてにおいて、それと同じエネルギーで暮らし続ければいい（その必要がある）ということです。

ですから、それを実現しようとする過程でも、あなた自身がワクワクする方法、「それいい！　気持ちが乗った！」と感じることを選択し続ける必要があります。夢に直接関係ないと感じることに対しても、夢と同じワクワクした波動で向き合うことができれば、その瞬間にも夢を引き寄せ続けることになります。いつも、日常生活が本番なのです。

お金を引き寄せる効果的なイメージ

先日の講演会で「お金についての引き寄せの法則」についてお話ししました。

誰もが知っているように、現代のお金は交換の手段です。紙幣それ自体はただの「紙」ですが、他の価値あるものと交換できるという意味で「エネルギー」とも捉えられます。たくさんのお金（エネルギー）を扱えば、それだけその人のエネルギーも大きくなります（大きくなるから良い悪い、の話ではなく、単に大きさという意味です）。

エネルギーを増やすのであれば、それに「動」の動きをさせる必要があります。つまり、使って、まわして、動かすからこそ新しいエネルギーが生まれるということです。

それに対して「静」の動き、例えば「貯まっているかいないか、多いか少ないか」という感覚でお金を眺めていると、増えることにはつながりません。莫大な貯金があっても、それを使わなければ（動かさなければ）、その価値を味わうことはできず、ないのと同じだからです。

ということは、お金を引き寄せたいときは「〇〇円が手に入る、引き寄せる」という思い方ではなく、そのお金によって何をしたいのかを考えることが必要になります。前者が「静」のエネルギーで、後者が「動」です。

そのお金を使ってやりたいと思っていることをイメージして、それを体験してワクワクしている喜びを事前に味わえばいい……つまり、夢や望みを引き寄せるときのイメージングと同じです。その始まりが「お金」かどうかだけの違いであり、それによって実現できることをワクワクとイメージするという意味では同じなのです。

考えてみると、夢や望みを実現させるときもお金が必要になることは多々あるので、スタート時にお金があるかないかはあまり関係ないことになります。

どんな事柄の引き寄せでも、それによって味わえることにワクワクするようイメージすることが一番効果的なのです。

支払うときがチャンス

「お金についてワクワク考えることが、お金を引き寄せる近道」と書きました。

この感覚を、お金が出ていくときにも実践することがポイントです。つまり、お金をワクワクして使うということです。

お金はエネルギーなので引き寄せの法則を忠実に反映するため、ワクワクして使ったお金は返ってきます。

例えば、友人たちと楽しい時間を過ごすために使ったお金は、ちっとももったいないと感じないはずです。その金額以上に豊かなものを受け取ったからです。

支払いをするときにもこれと同じような波動や意識で、「喜んで払う」ことを習慣にすることが大切です。

例えば、誰でも支払っている（はずの）電気、水道、ガスなどの公共料金について、その明細書（請求書）が来る度に私は思います。

「これのおかげで、私はまた今月もものすごく快適に過ごすことができた！」

蛇口をひねれば基本的にどこでも安全な水が出て、かなりの山奥でも電気を使うことができ、いつでも安定したガスが供給されている……このレベルの生活インフラをたったこれだけの金額で享受することができるなんて……そう思うだけで、「ああ、良かった、本当にありがたい」と思うのです。

クレジットカードの支払いについては、明細書が来る度に恐らく多くの人が、「あれ？こんなに使った？」と感じないでしょうか？笑。

ひとつひとつを思い出すと必要経費であり、そこで楽しく過ごして恩恵を受けていたとしても、その総額を見ると、「使い過ぎた、無駄使いをした」というネガティブな意識を持つ人も多いと思います。

ですがこれも見方を変えてみると、それだけ多くの支払いをしているということは、「自分はこの1カ月、こんなに経済活動をして活発に過ごした」ということです。

あそこでもいい思いをして、あの場でも素敵な時間を過ごし、こんなに素晴らしいモノやひとときを味わって、こんなに充実した1カ月を過ごせた、という「楽しかったことの記録」のようなものです。出費が多い月であるほど、たくさんのエネルギーをまわして、それに相当するエネルギーを受け取ることができた月なのです。

そう捉えると、とても豊かな1カ月を過ごした満足感で満たされます。これはもちろん、「だから見境なく使っていい」ということではなく、既に起こったこと（使ったこと）へのマイナスのイメージを減らすための捉え方です。少なくとも「また支払いがある、無駄使いをしてしまった」と思っていたときよりはずっと気持ちよく感じるはずです。

お金にまつわることに関してモヤモヤした印象を持たない、これがお金の引き寄せに大事なことなのです。

お金にワクワクした動きをさせるとは？

こんな質問をいただくことがあります。

「欲しい物があるとき、お金を自分のために使うのは良いことだとわかっていても、自分は家族の中で主婦なので、自分だけ贅沢をする罪悪感のようなものが出てきてためらいます」

もちろん、その出費によって家族が苦しい思いをする場合は別ですし、状況や内容にもよりますが、結論から言うと「使った方がいい」と私は思います。それによって一家の主婦の気持ちが上がると家庭全体のエネルギーが上がるからです。その上がったエネルギーはその一時《いっとき》だけではなく、その後の生活全体、家族全体に影響を与えるでしょう。それに応じて、未来に引き寄せるものも変わってきます。

それでもためらいを感じる場合は、その気持ちを引きずりながら使うと逆効果になるため、例えば家族や子供のために気持ちよく楽しく使うなど、「ワクワクした気持ちで動かせること」へ使うことから始めます。お金に対しての思い込みは、特に長年のその人の癖によるものが多いので、無理なく楽しく感じられることから始めるのがポイントです。

ワクワクしているかいないかによって、無駄使いかどうかも決まります。例えば、一般的に高額とされている体験にお金を使う場合、それによって自分（と関わる人たち）がこれまでにないようなワクワクを感じれば、それに見合うワクワクした物事を未来に引き寄せるので、無駄にはなりません。未来への投資です。

逆に、まったくワクワクしないことにお金を使った場合は、たとえそれがわずかな金額であっても無駄使いでしょう。ワクワクして使ったお金は次の展開があり、ワクワクしないで使ったお金はそこで減るだけ、という感覚です。

さらに、こんな質問もよくあります。

「では、貯金は豊かさを引き寄せないのでしょうか？」

そのお金で何をするのか目的があり、必要な金額も計算されていて具体的に貯金をしているときはワクワクしているはずです。お金にまつわるワクワクした体験をイメージしているので、貯めている間から豊かさを味わっている、次のワクワクを生み出しています。

それに比べて、万が一に備えた漠然とした恐れや未来への不安だけが動機となっているときの貯金は、いくら増えてもその不安が消えることはありません。ワクワクどころか、お金にまつわる心配事が増えていくはずです。お金はエネルギーなので、関わるときに自分が「ワクワクしているかどうか」なのです。

私の知人は、貯金の目的とは「万が一に備えるため」だと思っていました。

ですが、その動機でする貯金にワクワクを感じるはずはなく、貯めても貯めても不安は消えませんでした。

お金の引き寄せのコツを聞いた彼女は、そのときの自分に必要な金額を具体的に計算し、神社にお参りしました。その金額には子供の教育費用もあれば、家族の借金の返済分もあれば、自分のために使う金額も含まれていました。これまでのように漠然と「お金が入りますように」と願うのではなく、「～～するために〇〇円必要なので、よろしくお願いします」と具体的に祈り、あとは、それができている自分を想像してワクワクしながら過ごしました。

するとわずか2週間後、十数年ぶりに保険が満期となった連絡がありました。そして、自分が予想していたより3倍ほど高額の現金が入ってきたと言います。その金額は、神社で祈った金額に限りなく近いものでした。

この経験以降、彼女はお金に対しての向き合い方がすっかり変わったと言います。お金はめぐってくるものであり、そのためには、お金を扱うときにワクワクしたエネルギーを乗せること、自分のためでも他人のためでもワクワクすることに使うこと、感謝して喜んで支払うこと、そのうれしい豊かさをまわりの人とシェアすること……そして最大の変化は、お金が好きになったということでした。

「お金第一主義」になったという意味ではありません。これまで、お金の話はあまりしないほうが良いもの、特に女性が口にするべきではないもの、楽しいときに話題に出てくることはないもの、という思い込みがなくなり、豊かさのエネルギーのひとつ、と考えるようになったのです。これにより、彼女は他の部分についても運が良くなり、見違えるほど明るくなりました。

お金と気持ちよく付き合っている人たちと話していると、そこにギラギラしたものや、妙な謙遜や卑屈さなどはありません。とても自然です。話しているだけでこちらも豊かになる……やはり、お金は強烈なエネルギーそのものであり、その人の向き合い方が反映されるものなのです。

宇宙への効果的なオーダーの仕方

この数日、空気が乾燥しているせいか、喉を痛めてしまいました。朝晩に出ていた咳《せき》がだんだん止まらなくなり、昼間も咳が始まるとしばらく続いてしまう……7、8年ほど前に、その状態が悪化して声がまったく出なくなってしまったことがあったので、（その1週間後に講演会を控えていることもあり）急いで耳鼻咽喉科を受診して薬をいただきました。

その日の夜、「はちみつ大根」という喉に効果的なものを知人に教えてもらい、即効性があるそうなのですぐに作りたかったのですが、家にはちみつがありませんでした。「はちみつジャム」とか「はちみつバター」はあったのですが、ピュアなはちみつがなかったのです。

すると翌日、10人ほどのファンクラブの集まりで、参加者のひとりから「マヌカハニー」をいただきました。なんてタイムリー!!! しかも、喉への効果が知られているマヌカハニー!! あまりにスピーディーな引き寄せだったので、その前日に起きたことを思い出してみたのです。

実は前日の早朝、私は目が覚める前のベッドの中で「今日から喉が回復する！」というひらめきを受け取って目が覚めました。たまにあるのですが、寝ているか起きているかわからない朝の時間にやってくる「メッセージ」で、あの日も、私がはっきりと口に出して目が覚めたのです。

そこで急いで耳鼻咽喉科に行きました。帰りに薬局に行くと、そこの薬剤師さんが私の知人にそっくりだった（あまりにもよく似ているので、何度もチラ見したほどです）、そこにちょうどその知人からラインが来たので、「今ね、薬局でね～」と喉のことを返信した、するとその流れで「はちみつ大根」のことを教えてくれたのです。

その人とは、世間話のやりとりをするような仲ではないので、あのタイミングでなければわざわざ薬剤師さんのことも喉の話もしなかったでしょう。そしてなぜかその日だけ、よく見かけるいつもの薬剤師さんではない人だったこと、さらに朝のメッセージがなければ、滅多に医者に行くことのない私が耳鼻咽喉科に行くこともなかっただろう……とたどっていくと、すべてが絶妙な流れで起きているのです。

「咳、はちみつ大根」という非常に個人的で小さなことに感じますが、物事の起こり方というのは、もっと大きなことでも同じ、どれかひとつ外れても成立しないという完璧さで起きているのだろう、と感じたのです。

このようなスピーディーな引き寄せが起きるときの特徴は、「きちんと時間をとって宇宙にオーダーしていた」ということです。

7、8年前の声が出なくなった時の状況を思い出して、「あれにはなりたくない」と思った私は、すぐにひとりになれる静かな空間で目を閉じて宇宙にオーダーしました。

「1週間後の講演会までに、この喉の状態を完全に治してください」

オーダーと言うより、「祈る」という感覚の方が近いと思います。

「宇宙、○○様（よくお参りする神様の名前）、天使様、この喉を治すために力を貸してください」という……言葉にするとなんとも適当な（いい加減な）祈りです笑。

言い方は自由ですが、大事なことは「そういうものの助けをはっきりと望むこと」なのです。意識を集中してオーダーし、その後は安心して天にまかせる……つまり「祈り」という形は「宇宙へのオーダー」であり、引き寄せの法則を利用しているものなのです。

恐らくあそこまでしっかりと祈らなくても、そのことを考えていれば、引き寄せの法則によっていつか「はちみつ」を引き寄せることにはなったと思います。ですが、あれだけスピーディーに労力なく引き寄せたのは、たとえ数分でもしっかりと時間をとってオーダーした（祈った）からだと実感できるのです。

そしてあのときの「なんとかしたい」という強い思いも重要だった気がします。

例えば人の生死に関わるようなことについて、家族が必死に祈ったときに奇跡が起こりやすいとされているように、たとえその真剣さの何十分の一ではあっても「なんとかしたい（そのための方法を教えてほしい）」という思いは純粋で強いからでしょう。

引き寄せのコツが、またひとつわかったような気がしました。

人のために怒ったのに自分に引き寄せちゃった

引き寄せの法則は、あなたがそれを誰に対して思ったのか、対象は関係ありません。たとえ自分以外の人に対して思ったことであっても、それと同等のものを引き寄せるのは自分（自分が体験することになる）という仕組みです。

半年ほど前、私にとって家族と同じくらい近い大切な人（Aさん）が、ある人（Bさん）から中傷を受けました。BさんはAさんの知らないところでAさんの非難をし、批判をばらまき……それがあまりに長く続いたので最終的に私の耳にも入ってきた、という経緯でした。

私はその噂を聞いて怒り、強く反発しました。ある意味、Aさん以上に激しかったかもしれません。なぜなら、私はBさんもAさんも同じくらいよく知っており、Bさんの極端な性格と思い込みが原因であることも想像できたこと、Aさんへの嫉妬《しっと》が発端であることは誰が見ても明らかだったこと、そしてこれまで長い期間、親しくしてきたAさんに対して、そこまで豹変《ひょうへん》するBさんがあまりにも大人げないと感じたからでした。

ところが、まわりにいる人たちは影響力のあるBさんを敵にまわすのが恐いため、なんとなく相槌《あいづち》を打ち、Bさんから強要されれば同じことをまわりに話す、という始末でした。

これまで、Bさんから同じような攻撃をされた人を見てきた私は、今回あまりに近い人がその被害に遭いながらも何もしないのを見て、「私だったらこうする!!」という対策を細かく考えました。もし私がBさんと向き合ったとしたら、と想像して話すセリフまで考え、どちらかと言えば弱腰のAさんを叱咤《しった》激励しました。

「Aさんは微塵《みじん》も悪くないんだから！　もっと怒った方がいいよ」

考えれば考えるほど腹が立って、Aさんから細かい状況を聞きたくなり、聞けば聞くほど相手の不正に腹が立ちました。

するとそれから数カ月後、私自身に似たようなことが起こってしまったのです。Bさんの権力にすがる子分のような人が、私を攻撃対象にしようとしたのです。幸いそれは大ごとになる前に消えましたが、私がAさんを助けるために用意していたセリフをそっくり言わなくてはならない場面に遭遇したのです。

「あれ？　結局、言ってる……汗」と思いました。対象相手は変わりましたが、そっくり同じことを言っていたのです。

Aさんが攻撃をされたとき、まるで私自身に起こったことのようにリアルに想像していたために、それが私に起こったのでしょう。強く意識して関心を寄せたもの、特に、怒りやいらだちなどの強い感情をともなう想像は形になりやすいのです。

それを考えると、私があのときAさんのためにできることは、私がしたこととはまったく逆のことでした。

他人の状況を変えるために「引き寄せ」を使うには

前の話の続きです。私がAさんを大事に思うあまり、勝手にBさんへの対策（対決シーンのセリフまで笑）を心の中で考えてあげたことは、結局、私自身に起こるように想像しているのと同じことでした。もし本当にAさんの状況を救ってあげようとするのであれば、やるべきことは他にあったのです。

それは、Aさんがその状況から脱した幸せな状態を思い描いてあげること、そこにBさんが関与していようといまいと関係なく、気になることが何もないスッキリした状態になっているAさんの未来に意識を向ければ良かったのです。怒りの気持ちをあおり、Aさんを叱咤激励するなどむしろ逆のことでした……。

これは他の状況の場合でも言えることです。他人にできる一番影響力ある方法は、相手の解決していない問題にフォーカスするのではなく、解決した後の状態をイメージし、すでに解決したつもりで（その問題がないかのように）その人に接することなのです。

例えば怪我や病気などであれば、それが治っている状態、それが初めからないかのように、そこからなんの影響も受けていないその人、というつもりで接します。

その問題をその人と関連づけないことなのです。

ですがこれは、近い人であればあるほど難しいでしょう。今回も、「たまに会う、知り合いのAさんとBさん」だったらここまでアツくならなかったはずですが、近い存在の人たちに起こったことだからこそ、「なんとかしなければ！」と思ってしまったのです。

一緒に怒ったり対策を考えたりするのが「そのときだけ」なら良いですが、アツくなればなるほど、たいていは別れた後もそのことを考え続けます。すると、前向きな対策をして終わったのではなく、結局は怒りや心配にエネルギーを注ぎ続けることになるので、その心配している状況の方を引き寄せていくのです。

「祈り」とは何か？

前回の続きです。身近な人に問題が起こると誰でも心配して当然と思いますが、「心配する」というのは、相手の状況が悪くなりそうなときにするものです。根底には「そうなりませんように」という思いがありますが、悪化する可能性も大いにあるから気にかける……それは相手が望んでいない状況をイメージしているのと同じなので、実際には相手の未来の改善にとって真逆のことをしていることになってしまうのです。

心配して、相手の抱えている問題について詳しく知れば知るほど、その第三者への怒りをつのらせたり、ネガティブな原因を見つけてそこを見つめたりします。一見良いことをしてあげているようで、悪い点を強調して盛り上がっているという時点で、それと同等のものをますます引き寄せることになるのです。

もちろん、大事な人が困っているときに話を聞いたり、解決策を考えてあげたりするのは自然なことです。ですからそれらを聞いた後に最終的にするべきことは、「この人が幸せになりますように」と心から明るく思ってあげること……。

「それが〝祈り〟ということだよね」

友人と話していたときに、どちらからともなく出た言葉です。

「祈り」という表現になった途端、気休めや一時のおまじない、または宗教的な何かのように感じる人もいるかもしれませんが、「祈り」とは、実は引き寄せの法則を最大限に利用している理にかなったものなのです。

近い友人や大事な人に対してだけではなく、日々耳に入ってくる悲しい事件や災害に対しても、自分自身が具体的な行動を起こさない以上は、「ただ心配をする」というのは逆効果になります。「気にかける＝ただ心配する」ではなく、「気にかける＝その人たちの明るい未来をイメージする」になる必要があるのです。

あらゆる宗教を超えた「祈り」というのは、引き寄せたいものにフォーカスする、とても理にかなった効果的なものであると感じています。

自分には解決できない問題の解決法

「引き寄せの法則」の話をしていると、「夢や希望など、明るいことについての意識の使い方はよくわかるが、不安なことを考え始めたときに、それを切り替える方法がわからない」というような質問をいただくことがあります。

たしかに、未来の前向きな望みは、好きなことなので考えることもたやすいですが、始まりが憂鬱なことの場合や、具体的な心配事が進んでいる場合は、それを考えないようにするのは難しいことです。「考えないように」と思えば思うほど、そこに意識が向かってしまうのは誰もが体験済みでしょう。

結論から言えば、自分の中にマイナスのこと（心配なこと）があるときは、プラスのパワーを増やすことが効果的です。マイナスをなくそうとするのではなく、プラスを増やすのです。プラスとは、自分の好きなことやワクワクすること、楽しいことに向き合う時間や考えて気持ちが楽になることなど、気持ちが明るくなるときの波動、エネルギーのことです。

私の友人（Tさん、50代男性、経営者）の話です。

あるとき、Tさんの会社がライバル社にありもしないデマを流され、業界に噂が広がりました。ただの噂のはずが、大きな実質的被害につながるような事態となりました。Tさんの会社は考え得る対策をすべて実践しましたが、それでも噂が広がるばかりでした。

毎日それについて頭を悩ませていたときに、ふと「この不安になっている時間は、まったく意味がないのではないか？」と思いつきました。でき得る限りの対策はしたのですから、これ以上考えても解決策は出てこない、むしろ憂鬱になるだけで終わる、でも心配のあまり考えずにはいられない……そこで、それを考えなくて済むように、自分の好きなことを始めたのです。

Tさんの好きなこととは、海外にいる友人たちとテレビ電話をすることでした。様々な国に住んでいる国籍多様な経営者たちの活動の様子を聞いたり、彼らが更新しているプライベートな映像を見ながらおしゃべりすることが、Tさんの何よりの楽しみだったのです。起きた事件のことを完全に忘れることはできませんでしたが、その間は、ほんの数十分でもそれを忘れることができました。

この時間を増やしたことによって、状況は変わっていませんでしたが、確実に前よりも気が楽になっていることを感じたのです。

そこでTさんは、社員にも同じことを徹底させました。噂の件で頭を痛めている役員や担当部署に、少しでもそれを考えそうになったら、自分の気持ちが明るくなること、楽しいこと、ワクワクすることに没頭せよ、という意識の切り替え方と仕組みを説明したのです。

するとそれから1カ月ほど経った頃、噂をまいたライバル社の評価が下がるような別の事件が起こり、結果的にTさんの会社の噂は収束することになりました。

Tさんは「不正や思惑のある動きは必ず明るみに出るのがこの世の常なので、あのまま自分が心配を続けてもいずれ同じ結果になったことだろう。だがあのとき自分たちが好きなことに没頭することによって、事件から意識をそらしたおかげで確実に解決までの時間は早まったはず」と話しています。

心配なことは、「それを考えないようにする」というだけで、本来の収束へ向かって動き出すのです。

誰もが「思い通りの人生」を生きている

すべての人に平等に働いている引き寄せの法則は、その人の考えの中の「いつからいつまでを引き寄せる」と決まっているわけではありません。その人の24時間の意識すべてが引き寄せる力を持っているのです。

ですから、例えば自分の夢や望みに対して1時間集中して気持ちを盛り上げ、それが実現するところを気持ちよくイメージしたとしても、残りの23時間でそれと真逆のエネルギーの事柄――例えば憂鬱なこと、嫌なこと、現状への不満、未来への不安、特定の何かへの心配などに意識を向けていたら、その人は、「望みと逆のことを引き寄せるのに忙しい」ということになります。それをわかっていない人が多い……。

その問題（心配事）が、たった今自分の目の前で繰り広げられているのであれば対処する（考える）必要がありますが、そのほとんどは思い出したり想像したりしている自分の頭の中でのことです。その「考えても仕方ないことに意識を向けて心配している今このとき」も引き寄せ続けている、ということを思い出すことが大切です。

また引き寄せの法則は、素晴らしい願いだから叶う、良くない願いだから叶わない、ということはありません。「思っている通り」を引き寄せるのです。ですから、例えば何かを望むのに罪悪感を覚えていれば、「罪悪感のある悪いことだから叶わない」のではなく、たとえその望みが実現しても、罪悪感とセットで実現する、ということです。罪悪感を覚えながら実現する、ということで、「その人の思い通りのことが起きている」ということになります。

例えば豊かな生活を望みながら未来への不安を常に感じ続けていると、アクセルとブレーキを両方踏んでいる状態なので実現しない、または、豊かな生活が実現しても、未来への不安は永遠に消えない、ということになります。ここでもその人が思った通りを体験しています。

例えば「苦しまないと夢は実現できない」と思っていれば、苦しんで夢を実現するという形を体験することになり、「やっぱり思った通りだった（苦しんでこそ夢が叶う）」という体験をすることになるのです。

何かに対して「こうに違いない」という考えを持つと、その人の脳は、その物事の「こうに違いない」という性質の部分だけを拾うようになる（反応するようになる）ので、「やっぱり自分の考えは正しかった」とますます自分の考えを強めることになります。

ということはつまり、すべての物事に対して、自分が「こんな展開をしてほしい」という内容に意識を向ければその部分が展開していくということです。引き寄せの法則は実に「自分の思い通り」なのです。

「引き寄せ」に手遅れはない

先日、友人が話してくれました。

「一緒に住んでいる自分の兄が、仕事でスランプに陥っている。たしかに彼の状況はどんどん悪くなっているし、タイミング的にも運の悪いことが続いている。でも私にしてみると、こうなってしまうまでに挽回できるポイントがいくつもあった。その初めの頃に『そうならないために〜〜した方がいいと思うよ』と私が言ったことに耳を貸さず、ただ見ているだけだったので次が起こり、そこにガッカリするだけだったのでまた次が起こり、それが負の連鎖になった。最後だけを見ると最悪の状況になったけど、途中でいくらでも変われるチャンスがあった」

この話を聞いていて、私は以前あった質問を思い出しました。それは、

「物事をポジティブに、起こることをベストに捉えるということを、例えば病気でお金もなく、そのうえ家族の問題も抱えなければならないような、つまりどこをとっても不幸のどん底にいる人にも言えますか？」

というものでした。私に挑戦するために聞いたのではなく、知人でそのような状態にある人に、どのような伝え方をしたらいいのかを知りたいためでした。

「起こることはベスト」というのは、私の座右の銘であり、「物事自体に良い悪いはなく、自分が捉えたようにその物事が展開していく」という意味もあれば、同時に「一見、最悪のことが起きたように感じても、自分にとって必要なことを教えてくれていて、そこに気づくと後から振り返ったときに素晴らしいことを教えてくれた最高の出来事に変わる」という意味も含んでいます。

私含め、同席していた全員が出した答えは、私の友人の話と似ていました。つまり、「今、直面しているその状況自体はたしかにつらくて大変だろう。でも多分、そこまでの状態になる前にいくらでも変えられるチャンス、分岐点があったはず」

というものです。

そして、それは今からでも変えることができ、手遅れということはありません。

ネガティブな思考が形をとって現実に現れ始めると、頭の中の想像だけのときよりは変更するのに時間がかかりますが、船の舳先《へさき》の向きが変わるように少しずつ進む方向は変わっていきます。負の連鎖に進み始めているのを感じても、たった今から目の前に起きていることのポジティブな面に意識を向けるようにすれば、確実に負の連鎖は止まり、未来に起こることも変わっていきます。

逆から言えば、今が幸せでも、これが続くだろうかという不安や心配を持ち始めて、その不安を一定期間持ち続ければ、それが少しずつ確実に形になっていきます。

自分の思った通りのことが形になるのが引き寄せの法則……いつからでも挽回できるし、望んではいないことが起きた時点から、望むように思い始めればいいのです。

予定外のことが起きたときの最強の思い方

先月の講演会のテーマは「豊かさを引き寄せる方法」でした。時間的豊かさ、経済的豊かさ、心の豊かさ、創造的豊かさなど、多方面からのアプローチについて話しましたが、その中での「心の豊かさ」について。

物事を好転させるために最も大事なことのひとつは、「予想外のことが起こったときに、それを失敗と捉えない」ということです。失敗、運が悪い、もうダメだ、と思わずに、「もしかしたら、そっちの方がいいのかもしれない」と思うことです。

以前、講演会の座席指定について、こういうことがありました。私の講演会は、ファンクラブの人たち限定の指定席が設けられていることがあります。その席を事前に予約したファンクラブの会員さんが当日会場に来てみると、現場の不手際で予約ができていませんんでした。たしかに予約の履歴はある……普通であれば怒ってもいいところです。

ですがファンクラブの人たちは、起こることはベストであり、予想外のことが起きても「そっちの方がいいのかもしれない」と捉えるのが上手なので、その方も一瞬動揺したそうですがすぐに思い直し、空いていた一般席に座りました。

すると、後ろの席の女性が声をかけてきました。その人は、数年前のサイン会で前後に連なって並んだ人でした。当時とても気が合って楽しかったのに、連絡先を交換することをためらって、そのまま別れてしまい心残りになっていた人だったのです。彼女にとっては、会員指定席に座るよりも一般席に座った方が良かったということ、「そっちの方が良かった」ということだったのです。

これをすべてのことに応用します。小さなことから大きなことまで……。

違う言い方をすれば、「あるがままに受け入れる」ということですが、突然これを言われると、嫌なことを我慢したり、自分の希望はなくすべてを流れに任せる、ということと勘違いしがちです。それよりも、「きっとそっちの方がいい（一見、不利なようでいて、実は私にとってベストなことが起きている）」と捉えると、気持ちがとても楽になります。

そして、自分がそう捉えると、実際にそのように物事が展開していくのが「引き寄せの法則」なのです。

何か（予想していなかったこと、予定とは違う嫌な方向に進んでいるように感じること）が起きたときというのは、実はそれをきっかけに状況がより良くなるチャンスなのです。

私は最近、予定外のことが起こると「あ、面白いことになってきた」と捉えています。

そうすると、これがどんなふうに展開して、私が思っているより良い状況になるか楽しみ、という気持ちになるからです。

「なんだか面白いことになってきた（ワクワク）」はお勧めの捉え方です。

「私は（あなたは）神である」

パリに行く前日、対談講演会があり、量子力学の見地から引き寄せの法則を説明していただく機会を得ました。

簡単に言えば、量子力学の世界では「引き寄せの法則」は自然なことであり、それは「振動数（周波数）」という表現で説明することができるのです。

私たちを分子、原子、素粒子よりさらに小さいレベルへ分解していくと、最後に「ゼロポイントフィールド」という状態に行き着きます。文字通り「無」の世界、すべての始まりの世界です。

例えば私が「明るいこと」を考えると、ゼロポイントフィールドで「明るい振動数」が生まれ、その振動数が作る波動と同じ周波数のものだけに反応し始めます。この部分を

「引き寄せる」と言うこともできれば、「その周波数のものを受信する」と言うこともでき、他にも様々な表現がありますが、「同じ周波数のもの同士が引き合う」という意味ではすべて同じです。

これが「同じ物事が起きても捉え方によって先に起こる展開が変わる」ということの量子力学的な説明です。何かに対してその人が「思う、感じる、考える」と、その人自身がその波動になるために、ゼロポイントフィールドで生まれた振動数の影響で、次に起こる事柄も、その周波数と同じことが起こるのです。思考自体が振動している、ということです。振動しているからエネルギーが生まれ、パワーを持つのです。私が度々書いている「意識の力」です。

途中でまた違う捉え方（違う振動数）に変えれば、先の展開は瞬時に切り替わります。テレビのチャンネルを変えると、瞬時に違う電波を拾い始めるのと似ています。

私の知人で、いつも世の中の理不尽さを指摘して嘆いている人としばらく行動を共にしたら、本当に「世の中は理不尽」と感じさせるような事柄に遭遇しました。たった数時間で、そのような場面を2件も目撃したのです。どちらもこれまで私は遭遇したこともない場面でした。それを見つけたことで、その思いを更に強めれば（その波動になれば）、次に目にすることもそれと同じ振動数の事柄であり、いずれはその人自身にそれが起こるだろう、ということが簡単に想像できました。

「それについて考える（考え続ける）」というのは、自分をその周波数に合わせる、ということです。そうなることを望んでいようがいまいが、それを考えているだけで、それを自分自身に起こす工程に入っている、ということなのです。

私たちは自分の想像（考え）によってなんでも創造できる……「つまり私たちは神っていうことですね？笑」という話で対談は盛り上がりましたが、それが事実なのでしょう。私たちひとりひとりが創造主である神……「神は私たちの中にいる」とか「私たちは神の分身である」というような表現が存在する意味がわかります。自分の思いひとつ、捉え方次第で先に起こることは自由自在に変更できる、ということです。

自分が何を考えるかは完全に自分の自由なのですから、他人からお気楽だと思われようと、根拠がないと言われようと、自分が楽しくなるように捉えた方が楽しい（実際に楽しいことが起こるから）ということです。楽しいことがあるから楽しい気分になるのではなく、まず自分が楽しい波動になることによって、楽しいことが起きていくのです。

精神科医であり、ナチスのユダヤ人強制収容所からの数少ない生還者のひとりであるヴィクトール・フランクル氏は、収容中も決して生還することをあきらめず、多くの聴衆の前で演説をする自分をイメージし続けたと言います。後年、それを実現させたときにこのような言葉を残しています。

「ナチスは私から家族も財産も何もかも奪ったが、たったひとつ奪うことのできなかったものがある――私自身の思考だ」

第3章

人、情報、もの……「出会い」の意味

住む世界が違う！

この数年、「それぞれの人の住む（進む）世界がはっきり分かれてきた」と感じます。

簡単に言うと、「自分の好きなことがあって（して）、起こることをなんでもプラスに捉え、人生に幸せを感じて暮らしている人たちの世界」と「世の中に不平不満が多く、起こることをすべてまわりのせいにして、人生に息苦しさを感じている人たちの世界」がはっきり分かれてきた、ということです。

「どのくらいそう感じているか」という割合によって更に細分化されますが、両極端の世界を仮にA（なんでもプラスに捉える人たちの世界）とX（なんでもマイナスに捉える人たちの世界）とします。

数年前まではAとXの人たちが交ざり合う（影響を与え合うほど近くにいる）こともあ

りましたが、両者の触れ合う機会が年々少なくなってきたように感じます。そして、それが新型コロナウィルス（以下コロナ）の登場によって、より顕著になりました。

コロナによる影響を同じように受ける環境であっても、それをどこまで痛手とした「最悪のこと」と捉えているかは人によって様々です。現状を見つめて「今できること」へすぐに気持ちを切り替えた人、これを機会に新しい形へシフトした人は多くいます。

ひとつの同じ状況から、そこまで違う考え方と行動をする人同士は、同じ世界で生きていくことが難しくなります。そして当然のことながら、自分と同じような考え方をする人と集まり始めます。

つまり、本当の意味で「類友《るいとも》」が始まったのです。この数年、これまで仲良くしていた（近くにいた）人との関係に急に違和感を覚え始めたり、以前から感じていたモヤモヤした気持ちが更に大きくなった、という人がいるのはその表れです。

これは悲しいことではなく、自分と相手のわずかであっても違う波動（エネルギー）を敏感に感じ取れる人が増えてきたからです。以前は、その違いをうっすらと感じながらも我慢をしたり、無理に合わせるような関係を続けていたのです。

結果的に、より自分が自然で居心地良く感じられる人の近くにいるようになり、そうではない人とは自然と距離をとるような現象が起きています。

これは一見「人嫌い」が進んでいくような気がしますが、それぞれの人が、より自分にしっくりくる世界に移動していくようになるので、人間関係にストレスを感じ続けることが減ってきているのです。

去るものは追わなくていい理由

自分が自然体でいて気持ち良く感じる人と集まるようになると、去るものを追う必要もなくなります。離れていく側は去りたいから去るのであり、お互いに違和感のない世界に進みたいからなので、その理由を追及する必要もないからです。

これを明確に示した出来事がありました。

「この人は明らかに幸せの国で生きているAの世界の人」と私が思っている人の仲間に、Kさんという女性がいました。Kさんは（良い意味で）思い込みが強く、私たちはその前向きな明るさに引っ張られて、Kさんが企画したある大きなプロジェクトを手伝うことになりました。ほんのお手伝いのつもりがあっという間に運営メンバーとなり、その1年の印象がそのプロジェクト一色となるほど大掛かりなものとなりました。Kさんの強い引き寄せの力で思わぬ「良いこと」もたくさん起こり、とても充実した思い出深い1年となったのです。

ところが無事にプロジェクトが成功した翌年、Kさんからパッタリと連絡がなくなりました。何かトラブルがあったわけでもない、誰かとの関係性や環境が変わったわけでもない、ただ私たちの集まりには参加しなくなり、自然と遠のいたのです。

このとき、すべてをポジティブに気持ち良く捉えることができるAの世界の人たちは、そこに特別な「色づけ」をしません。また、一生懸命連れ戻しもしません。

Kさんが遠のいた原因究明は一切なく、「去年、私たちがあれだけ手伝ったのに！」という感情や、「何かあったんじゃないだろうか」という余計なおせっかいなどもありませんでした。

「今は何か違う方向へ気持ちが向いたのだろうから、そっとしておけばいいんじゃない？」と全員が思っている……起こること自体に「良い、悪い」という判断（色）をつけていないのです。むしろ、彼女のことを称賛していました。

「このさっぱりさはすごいよね‼　なにか大きなことで一緒に頑張ったり成功させたりし

た後って、しばらくは思い出に浸ったり、そのメンバーでいつまでもつるんだりしたくなるけど、確かにもう終わったことだし、それを理由にいつまでも集まる必要はないもんね～爆笑」

という笑いや感心のネタになっており、もし彼女が再び連絡してきたときにはいつでもウェルカム、という状態だったのです。

人間関係がトラブルになるかどうかの分かれ道はここにある、と思いました。この状況を誰かひとりでも違うエネルギーで捉える人がいれば、違う質の出来事として展開していくはずです。あっという間にKさんが悪い人、間違った行動をしている非常識な人、薄情な人、というようなレッテルを貼られるかもしれません。

これはただの一例ですが、物事をなんでも複雑にネガティブに捉え、その事柄を自分以外のせいにすることが多いX寄りの世界の人たちは、どんな状況でもトラブルに巻き込まれます。まったく同じ場で、同じトラブルが起きている環境に身を置いているのに、まるで違う世界を生きているように巻き込まれないで済む人がいるのは、その人の波動の質、エネルギーのレベルが違うからなのです。

「家族」という縛りから抜け出そう！

前回の続きです。「それぞれの世界の進む方向がはっきりと分かれていく」ということを「違う電車に乗る」とたとえると、よりわかりやすいような気がします。

ひとつのホームからそれぞれの電車に乗り込み、違う目的地へ運ばれていく……数年前は、途中下車して別の電車に乗り換える（違う世界の人と交わる）こともありましたが、この数年、駅の数が少なくなり、電車のスピードが加速しているのです。

これからの時代は、家族ですら違う電車に乗ることがあるでしょう。違う考え方、捉え方、価値観を持つ者同士は、家族でも別の電車に乗っていい、それが自然です。

それなのに、これまでは「家族だから同じ考えを持っていないといけない」という思い込みで人を縛ることが多かったため、みんなが不幸、という結果になる家庭も多かったのです。

それぞれが居心地の良い世界に進んでいくので、違う電車に乗ることを悲しむ必要もありません。それはもちろん、現実の世界で家族と会えなくなるということではなく、むしろ、それぞれの考え方の違いを認め合う、「みんな違ってみんないい」に向かい始めているのです。

今日本で、世帯数がひとり、つまりひとり暮らしをしている人が多くなったのは、各人の価値観が細分化してきている証拠でしょう。

そして、それは昔で言うところの「独りぼっち」という寂しさの感覚とは違い、ひとりで生活することができるのはもちろん、ひとりを楽しむことができるという本当の意味での自立を表しています。

「シェア・ハウス」という住み方の形が登場したり、「○○が好きな人同士」「○○を求める人同士」が、集まる人数に関係なく、共通の趣味や枠組みで豊かな時間をシェアできる環境が増えてきています。

そしてこの現象も、コロナによって加速しました。ＳＮＳの普及によって、誰もが自分の思いや活動を公開することができるようになり、そこに人が集まることができるようになったからです。

少人数でも、それをきっかけに活発な活動ができるようになったのです。

以前のような、「人との出会いに必要なステップ」を踏まなくても人と出会うことができ、自分の好きな部分だけで交流することが可能になってきたのです。

「リアルに人と会う良さが失われている」という部分を嘆く必要はまったくないと思います。その「失われた残念な部分」にフォーカスすることこそ、Ｘ寄りの世界の考え方でしょう。

今までとは違う「人との関係性」を構築できるようになったことによって、これまで他人と活発に交わることが苦手だった人たちにも光が当たるようになったのです。むしろ、内なる自分自身と向き合い、自分が本当に好きなものを知っている人の方が、ＳＮＳを上手に活用することができています。

家族であるから一緒に暮らさなくてはいけない、家族であるから同じように考えなくてはいけない、「家族であるから」という枠ではなく、家族であってもなくても、それぞれの感性、価値観、好みでつながっていける時代が来ています。以前の「家族」のニュアンスと同じような感覚で親しくなれる「他人」も出てきているのです。

それぞれの人が自分にとって居心地の良い「人との関係性」を探しながら、ひとりを楽しむことができる時代になってきたと感じます。

苦手な人が増えても大丈夫

自分の本当の気持ちや感覚に向き合っていると、「自分と合わない人」も増えてくるように感じます。以前は我慢できたのにできなくなったり、何かを理由に無理に会う気がしなくなったり……「類友」の範囲が狭められたので、これは自然な現象であり、寂しいことではありません。

流れを良くするための結論から言うと、あなたが「モヤッ」とした感覚になる人からは、距離を置くことです。

モヤモヤするというのは、相手が悪いわけでもなく、あなたが悪いわけでもなく、相手とあなたのエネルギーの質、向かう方向性などが違う種類のものだからです。

また、以前はそうでもなかったのに急に違和感を覚えるようになったのも、相手が変わったからでもなく、あなたがわがままになったのでもなく、あなたの感性が敏感になったからです。今まで少しの我慢をして付き合っていたことに気づき、その我慢からは何も生まれない（必要ない）ということに気づいたからなのです。

理由はなんであれ、「モヤモヤする」という感覚は、「それを選択しない方がいい」という直感です。

あまりに多くの情報が溢《あふ》れるようになった現代では、あらゆる種類（質）の情報が蔓延《まんえん》しています。それが良いか悪いかを決めるのは、結局自分自身の感じ方です。同じ方法がAさんには良くても、隣の人にも良いかどうかはわかりません。大多数の口コミが素晴らしいと評価しても、自分はそこに当てはまらない例外かもしれないのです。

それを判断するバロメーターが、あなた自身の直感（本音で感じること）です。

人について言えば、あなたが会って気持ちが明るくなる人、楽しくなる人、ワクワクする人と時間を過ごし、それとは逆の気持ちになる人からは距離を置くことです。これは冷たいことではなく（自然なことなので）、そこに罪悪感を持つ必要もなく、あなたが自分で自分を守るために必要なことなのです。

運の良い人、流れの良い人、実現力のある人などは、この「人から受けるエネルギー」に敏感です。それは、人から受けるエネルギーは良くも悪くもパワーが大きいから……人はモノとは違い、生身の肉体と意識を持って動いているものだからです（だからこそ、怨念、というような世界も存在するわけです）。

どんな理由であれ、あなたが会ってモヤモヤする人は、今、あなたが会う必要はない人です。あなたに向かって不快なことをする（言う）人はもちろんですが、例えば相手が話す世間話が不快であったり、会った後になんとなく暗い気持ちになったり、前向きな話をしているのにあなたが自信をなくすような気持ちになったり……どんな理由であれ（理由がなくても）、あなたがそう感じるのであれば、あなたにとっては「そのモヤモヤの影響力のある人」なのです。

例えば、「会うたびに苦言を言われてモヤモヤするけど、自分のためを思って言ってくれているから……」というような関係も、必要ないことになります。同じことを別の言い方で、あなたが聞いた後にすがすがしくなるような伝え方をしてくれる人もいるからです。

モヤモヤする、というのは、（それが人でもモノでも）今のあなたとは波動、エネルギー、精神レベルなどがずれているということです。どちらが良い悪いではなく、単に異質のもの。異質なものとつながり続けていれば、知らないうちにあなたのエネルギーが漏れていきます。

あなたのまわりに起こることはすべてつながっているので、ひとつの部分でエネルギーが漏れる動きをしていると、それが他の部分にも影響を与え始めます。

運が良くなるとされる行いを新しく採り入れる「動の動き」をするのであれば、違和感のあるものから自分を守る「静の動き」も、同時に必要な開運行為なのです。

モヤッとする人から影響を受けなくなる方法

あなたのエネルギーを漏らす人、つまり、あなたが会ってモヤモヤする人とどうすれば離れることができるのでしょうか。

まずは、自分でその感情、感覚、気持ちを素直に認めることです。

「私は今、あの人に対してモヤモヤ（不快な気持ち）を感じている」ということを冷静に観察してください。

このとき、その原因を考える必要はありません。その原因と向き合って解決する（相手に対してモヤモヤを感じないようにする）ことが目的ではないからです。

そのモヤモヤが、相手への嫉妬だろうと、向こうからの攻撃に対してだろうと、具体的な原因があろうとなかろうと、とにかく「今自分は本音でそう感じている」ということを確認するだけの作業です。

その感情を否定する必要もなく、罪悪感を持ったりまわりの人に同意してもらったりする必要もなく、少し離れたところから自分を眺めて、「あの人にモヤモヤを感じている」と認め、その気持ちを無視しないことがポイント、その感情を持ったままでいいということです。


次に、心の中で、その人と自分の間にはっきりと線を引きます。

あなたの意識には力があるので、「あの人からは、一切影響を受けない」と決めた途端、相手からのエネルギーがこちらに流れ込まなくなります。これはもちろん、私も含め、普通の人には見えないエネルギーの流れですが、「会っても前ほど疲れなくなった、気にならなくなった」というような感覚でわかる人もいるはずです。

それまでは、「どうしてこの人はこうなのだろう」とか「どうすればこの人は変わるのだろう」というように相手に意識が向いていたはずです。相手に意識が向いていると、あなたのエネルギーが相手に流れ込むので（＝あなたのエネルギーが漏れていくので）、疲れたりモヤモヤしたりするのです。

ところが相手と線を引いたことによって、あなたの意識が相手に向かなくなると、相手は何も変わっていないのに影響を受けなくて済むようになります。

学生のときに、先生に当ててほしくないときに限って当たる、という経験があるのと同じです。相手のことを考えるというのは、相手とつながる、ということなのです。そこに意図的に線を引いて、それ以上踏み込まない、踏み込ませない、という状態にするのです。

自分の頭から足元にオーラの膜を降ろすイメージも効果的です。結界を張る、とも言えるかもしれません。

以前、私がためしに頭の上から金色の膜（ベール）のようなものをすっぽりと被《かぶ》って、全身を包み込んでいるイメージで外出したところ、特殊能力のある人から、「今日の浅見さんのまわりには、強い光の膜が張っています」と言われたことがありました。もちろん、そんなことを言われたのは、そのときが初めてでした。

繰り返しますが、これは相手が悪い人だからする、悪い人だから距離を置くということではありません。単に、自分とは違う人というだけです。ですからその感覚を他の人にも共有してもらおうとすると、ただのわがまま、人の悪口というレベルになり下がります。

実際に距離を置けない場合に意識の力で距離を置く、線を引くことによって、相手がどんな人であろうと自分の人生には関係ない、影響ないと決めるのです。

利害関係があると離れられない⁉

誰でも「人」に対しては本音の通りに動くことがなぜ難しくなるのか……それは、これまでの付き合いやまわりの人たちとの関係がある（と思い込んでいる）からでしょう。

例えば、「その人と接するのは、その会のメンバーとして出席しなければならない場だけ」のはずが、いつの間にか、そこから派生する次の集まり、次の誘い、次の付き合いにつながり続けることがあります。その人に対してモヤモヤしたものを感じているのに、「その場だけ」にはできない……それはなぜかと言えば、その人と利害関係で結ばれているからです。離れればまわりの人とも関係が悪くなる、その人を通して入ってきていた情報や良い話もなくなってしまう、というような頭で考えた理由で付き合いを続けている人は多いものです。

ところが、これらはみんな思い込みなのです。その人と離れたことで、マイナスな何かが起こることはありません。

まず、「人数的に友達が減る」という方向から言えば、まったく心配はいりません。むしろ今の自分に本当の意味で合う新しい人と知り合います。自然体でいながらワクワクした気分を味わうことができ、駆け引きなく心からその場を楽しめる新しい関係です。

まわりの人との関係性についても心配する必要はありません。そのモヤモヤした気持ちをまわりの人に同意してもらう必要はなく、自分の心で一線を引いて静かに離れるだけだからです。

そして最後に、「あの人から入ってくる」と思っていたあなたに必要な情報は、その人との関係がなくなってもまわりのあらゆる人を通して入ってきます。

情報は、人脈のある人、大きく活躍している人からだけ入ってくるのではありません。確かに「量」という視点から言えば、大きく動いている人の方があるかもしれませんが、そこにはありとあらゆる質の情報が含まれています。「あなたにとって」必要な情報だけが入ってくればいい……。

それは、今日初めて会う人からも、あなたがそれほど重要とは思っていない人からも、更に言えば、通り過ぎる通行人の口から入ってくることだってあるのです。情報は、「その人」を媒体にしているだけだからです。

もちろん「人」からだけではなく、モノからも、まわりに起こる出来事からも、あなた自身の直感を通してでも、あらゆるところから入ってきます。

この仕組みを知ると、「得がある」という理由でモヤモヤを感じる人とつながっている必要のないことがわかります。あなたの本音で選んでいいのです。

あなたに必要な情報を得るには

こういうことがありませんか？　久しぶりに会った友人が、あなたが最近考えているこ
ととぴったりの話を始める、迷っていたことの答えとなるような話をしてくる、ふと目に
留まった本を開いてみたら、今の自分の状況を知っているかのように背中を押される言葉
が書いてあった……というようなことです。

これは偶然ではなく、あなたの意識、心で思っていることと同じものが引き寄せられて
いる、という引き寄せの法則の結果です。あなたがそれについて答えが欲しい、と心の中
で思っていたからです。

ところがたいていの場合、久しぶりに会った関係の薄い人からの話や、たまたま目にし
たような本の言葉はただの偶然と思って大きく取り上げない……もし、同じ言葉を、あな

たが「重要人物」と思っている人から聞いたら大事なアドバイスと捉えるのに、です。

それを伝えてくれるものは媒体に過ぎません。

慣れてくると、まったく知らない通行人が、すれ違いざまに話していた言葉の中からも、自分へのヒントや答えを受け取れるようになります。ニュートンが、落ちてきたリンゴから万有引力のインスピレーションを受けたように、万物が、あなたに必要な情報を与えているのがわかってくるのです。

この感覚がわかると、「人脈がありそうだから」とか「社会的な立場があるから」とか、「面白そうな話を持っているから」という理由だけで相手とつながっている必要はまったくないことがわかります。自分に必要な情報（人、モノ）は、自分で引き寄せることができるからです。

よりはっきりと短期間に自分に必要な情報を引き寄せるには、まず自分の心の中で何を知りたいか、どんなことが必要なのかを明確にすることです。

これを私は「宇宙にオーダーする」という言い方をしています。何を知りたいかをはっきりさせる、それだけで意識が強まって「宇宙にオーダーすることと同じ状態」になるので、後は注意深くまわりを観察すればいい……するとまわりの人、モノ、出来事を通して、答えやヒントが次々とやってくるのです。

その情報に気づくためにも、まずは自分がモヤモヤしているもの（人）から距離を置くことが大切になります。もちろん、すべての人の素晴らしい部分と心を開いて同じように交流することが理想的ですが、初めからそこにトライするよりも、まずは自分の「モヤモヤ」の感覚を感じること（知ること）、そしてそこからしっかりと距離を置くことが、自分の感性に敏感になっていく始まりなのです。

宇宙からのサインの受け取り方

まず、自分の望んでいることを明確に心に思う（＝宇宙にオーダーする）、次に、自分のまわりに起こることを注意深く観察してみる……すると、自分の知りたい情報、考えていたことの答えやヒントがやってきます。これを私は「宇宙のサイン」と呼んでいます。

サインがやってくるときの感覚は、「まるで今の自分の状況を知っているかのようにぴったりのことだった」とか、「自分に言っているとしか思えないように耳に残った」というような印象的な伝わり方をしてきます。人によっては「書店で1冊の本が光って見えた、それを開いてみたら、今の自分を救ってくれる内容が書いてあった」というようなことも、あり得ます。自分の内側から発している意識の波動が、それと同じものを引き寄せ、「本が光っている」という現象を通して知らせてくれているのです。ですが、その情報を必要としていない他人が見たら、本が光っているはずはありません。つまり、自分が見ているものは現実ではなく、自分が意識しているものだけを選んで見ている、ということなのです。

あることを心配しながら歩いていたら、前から歩いてきた人たちから「心配しなくても大丈夫よ、助けてくれる人がたくさんいるから」という言葉が耳に飛び込んできた、ということがあります。それはもちろん、その人に言った言葉ではなく、歩いていた人たち同士の会話の一部に過ぎないのですが、そこだけが大きくはっきりと自分の耳に飛び込んできた……、そのようなこともちろん、偶然ではなく情報です。

つい数日前も、私があることを考えながら人との待ち合わせに向かったら、先に来ていた相手が電話の向こうの人に話していました。

「とにかくね、迷っているときは答えを出さないでそのままにしておくといいよ」

ハッとして、無理に答えを出すのをやめました。

宇宙からのサインは、もう少し複雑な形でやってくるときもあります。

Yさんが、会社の人事で迷っていたときのことです。新しい企画のリーダーを誰にするかを考えていたとき、突然Kさんの顔が浮かびました。普通に考えればKさんが適任とは思えない、それなのになぜ……と思っていたところに、Kさん本人からメールが来たのです。

内容は、「Yさんの専門分野のあることについて意見を伺いたい」というものでしたが、Kさんは違う部署の人であり、これまで話をしたこともなければ、メールをもらうような付き合いでもありません。

ここでYさんは考えました。自分が企画の人事で迷っているときにKさんのことが浮かび、なぜだろうと思っているときに本人からメールが来た、すべてに偶然はないとしたら、新しい企画のことをKさんに話してみようか……。つまり、これも一種のシンクロニシティ（意味のある偶然の一致）であり、自分を中心にしてこっちで起こっていることと、あっちで起こっていることをつなげて考えたのです。

果たしてKさんと話をしてみると、Kさんがその企画のリーダーに適任だとわかることになりました。Kさんとの会話をきっかけに、これまで知り得なかったKさんの能力が表に現れ、それがその企画に必要であると他の人たちも認めたからでした。

「自分がAを思っているときにBが起こる」というとき、AとBは関係あるかもしれない、と捉える……これはなかなか高度なシンクロニシティの活用法ですが、これくらい、自分のまわりに起こることに偶然はひとつもない、ということなのです。

シンクロニシティから情報を得る

私が仕事で迷っていることがあったときのことです。迷っていたことはこれまでに経験のない分野だったので、答えが見つからないまま、しばらくそればかり考えていたとき、母から電話がありました。

「不思議ないきさつで10年ぶりにUさんに会った」

と言うのです。Uさんは、昔は私もよく遊んでもらった、母の友人です。

母が外を歩いていたとき、先に見える交差点に、連休のためか観光客が押し寄せているのが見えました。母は人混みを避けて、交差点の手前の角を曲がりました。住宅街を適当に歩いているうちに方向がわからなくなってしまい、元の場所に戻ってみると、向こうからUさんが歩いてきた……というのです。

母にしてみると、よく知っているエリアなのに迷ったこと、いつもその交差点を渡るのに、その日はパッと手前を曲がったこと、そしてその数日、久しぶりにUさんを思い出していたところだったので、「まるでUさんに会うために、時間調整をさせられたみたいだったわ笑」と話していました。

これを私にとってのシンクロと捉えると、「あの仕事について考えているときに母から電話があり、『Uさんに会うために時間調整させられた』と言っているのだから、私にも関係がある話かもしれない」ということになります。

そこで早速3人で会ってみると、Uさんは、この10年の間に以前とは違う分野で仕事を始めていて（もちろん母も知らなかったことです）、そのときの私の状況を話したところ、それにぴったりのアドバイスをもらうことができたのです。本当に驚きました。

恐らく、Uさんとバッタリ会うのが私であったら、こうはならなかったでしょう。久しぶりにUさんのことを思い出していた母の口から、「まるでUさんに会うために時間調整をさせられたみたい」というストーリーで聞いたからこそ、私が反応できたのです。

このように、シンクロニシティを利用するときには自分の心に小さな「ハッ！」が起こります。「なんだか面白い（不思議）」「すごい偶然！」など自分の心が反応したときは、それを偶然と思わないことがコツです。

このようなことを何度も体験すると、情報は有力者や特定の人から来るのではなく、自分の日常生活に登場するあらゆる人、モノ、状況から伝わってくるのがわかります。

宇宙に何かをオーダーする（＝明確な意志を持つ）と、日常生活に起こるすべてが、それをサポートするように動き始めます。必死に情報を探すのではなく、自然にやってくるそれらに対して感性を高めておくことの方が重要なのです。

流れを信頼すると、来る！

「心ではっきりと意志（希望）を決めたら、後はまわりに起こるシンクロニシティに沿って進むと早く実現する」ということを、ここまで書いてきました。

このとき大切なことは、「初めに起きたことだけで、簡単に結論を出さない」ということです。もっと言えば、「すべてベストなことが起きているので途中で結果を早合点しない」という感じでしょうか。

経営者のYさんが、物件の購入を考えていたときのことです。その物件は、Yさんの経営する会社の近くにあり、Yさんが以前から目をつけていた物件で、「そこでなくては価値がない」という、Yさんにとって代わりはあり得ない特別な物件でした。一般に分譲の情報が公開される物件ではありませんでしたが、シンクロニシティを上手に使って進んでいくうちに、空きが出る情報が入り、購入予定まで話が進みました。

ところが直前になって、売主が売却を取り下げてしまったのです。Yさんは流れを失ったかのようにガッカリしました。シンクロニシティの連鎖で良い流れで進んでいたからこそ、なぜ突然こうなったのかわからなくなったのです。

するとそれから半月後、Yさんの事業が海外から誘致を受け、アジアを中心に海外展開する話がやってきます。Yさん自身がしばらく外国に住む必要が出てきたため、結果的に「その物件を買っていなくて良かった」ということになったのです。

とかく人は、自分が想像していたような展開ではないと、目の前のそこだけを見つめて全体の結論をくだしがちです。ですが大きく見ると、より良い方向へ行くために、「それ」が起きていたのです。

Yさんが宇宙にオーダーしていたのは「この物件を購入する」ではありませんでした。「自分の会社の発展のために一番良い動きをする」と思っていたのです。

頭で考えれば、以前から考えていたその物件は「ここ以外に考えられない」となりますが、それはそのときのYさんの考えられる範囲内のことであり、Yさんのより大切な本来の望みからすれば、今海外に出た方が会社の発展を促進することになるのです。流れを失ったのではなく、より良い展開のためにむしろ流れに乗っていた、その物件を手に入れることに手間取ったことも含めて意味があったのです。

最終的に自分の本当の望みを満たす方向へ進んでいく、そのために必要なステップ、と思うと、途中で意外なことが起きても安心した気持ちを維持することができます。

そしてこれはすべての人に起きているので、自分の流れと宇宙をもっと信頼していいのだと思います。信頼すると、自分に必要なサインはますますわかりやすくやってくるようになり、宇宙とつながっている安心感を得るようになります。

そして、その安心感があればあるほど、更に安心することが起きていくのです。

自分だけ流れが悪いように感じるとき

前述したYさんの話……「最高の物件をあと少しのところで手にすることができなかった」という部分だけを見ると流れが悪く思えますが、Yさんが当時を振り返ってみると、「決して流れは悪くなかった」と言います。

例えば、仕事や人間関係もスムーズで、家族や友人たちにも喜び事が多く、むしろ流れに乗っていると感じていました。親友の長年の夢が叶ったり、珍しい人からの朗報を聞くことなどが重なって、「最近なんだか流れがいい」と感じていたのです。最終的に「あのときあの物件を購入していなくて（購入できない状況になって）本当に良かった」という結果になったことを見ると、やはり自分のまわりに起きていることは連動していることがわかります。「他の分野は流れがいいのに、これだけは運が悪い」ということはないのです。

自分だけではなく、まわりの人に喜び事が多いのであれば、Yさんもそれと同じ世界にいるということです。今の自分の流れを、まわりの人の事柄を通して見せてくれていると言えます。

とかく、まわりの人たちばかりに良いことが起こっていると、「それに比べて自分は……」となりがちですが、むしろ逆なのです。まわりの人にその流れが起きているということは、自分もそれと似たようなステージにいるということです。

ですから、まわりの人たちの喜び事を一緒に喜んでいると、自分にもそれと同じエネルギーのことがシンクロします。

実は今、私にも「そこだけ見ると期待（予想）と違う結果になっている……」ということが起きているのですが、これも多分、全体から見ると「実はそっちの方が良かった」という結果になると思っています。そう思っていたところにこのYさんの話が入ってきたので、これこそ私にもシンクロするだろう、と安心したのでした。

「離れる」ことは前向きな選択

人との関係は、あるとき突然変わることがあります。お互いにまったく予想していなかったし望んでもいなかったのに、そうせざるを得なくなってしまった……。

友人の家族とその親戚家族の話です。それまでは親戚の中でも特に仲の良かった家族同士でしたが、相手の家族の父親が認知症になったために、友人家族とのこれまでの関係を忘れただけではなく、なぜか友人家族だけに嫌がらせのような行動を繰り返すようになりました。そのときの相手の家族の対応や態度が引き金となり、最後は隣同士だったお墓を移動させるまでにこじれ、完全に決裂することになります。

友人は、初めは「これまで仲が良かったからこそ、余計に悲しい」と思っていたそうですが、だんだんと別の考えが生まれるようになったと言います。ひと言で言えば「仕方がない」ということ……それはあきらめるという意味の「仕方ない」ではなく、これ以外に良い方法はなかった（実はこれが最善だった）という意味の「仕方ない（＝落ち着くべきところに落ち着いた）」でした。

これを聞いていた別の友人も言いました。

「お互いに望んでいなかったのにそうなってしまったっていうことは、もう、そうなる関係だったということだね、初めから」

認知症になったことは不可抗力であり、更に、それ以降の場面をそれぞれの当事者の気持ちになって想像してみても、お互いにあれ以外の対応は無理だった……どれも不可抗力で誰も悪くない、そして誰も悪くないのに、流されるようにそうなったということは、「避けられないこと、初めからそうなることも含めた関係性だった」と言えるかもしれません。

離れることが「悲しいこと、悪いこと、残念なこと」と捉えると、そうなったことを嘆いたり、何か別の方法はなかったのか、という後悔を感じたりするかもしれませんが、「一定期間だけ関係が密になって最後は離れる、という関係性だった、以上」と捉えると、そこに寂しさや、善悪や、罪悪感というようなものはなくなります。

そしてそう考えた途端、当事者に安心感やホッとする感覚が生まれたと言います。

引き寄せの法則の最も大事なところはここです。

「その考え方をすると、気持ちが楽になる」ということ。

気持ちが楽になるということは、そっちに進んでいけばそうなる（気持ちが楽になるように展開していく）ということです。自分の感覚や気持ちを基準に選んでいいのは、こういうことです。

特に人間関係についてはそれぞれの立場があり、どちらが正解、不正解ということがない以上、余計に自分の気持ちが楽になるように捉えることが重要になります。

気持ちが楽になる＝その人にとってはそっちが正解、ということです。

相手にわからせる必要はない

読者からのお手紙に、たまにこういうものがあります。

「理不尽なことをしているあの人に、わからせてやりたいんです！」

「自分と同じ思いをさせてやりたいのです」

また、「言ってあげた方が、その人のためだから」の一言が付け加えられている場合もあります。

結論からすると、相手にわからせる必要はありません。

あなたがそれをしてもしなくても、自分がしたことは必ず本人に返ってくるからです。

仮にあなたがそれをしてしまうと、外に出したエネルギーと同等のものが戻ってくるので、再び、それと同じような種類の事柄が起きることになります。

ですので、その「神様のような役目」は、この世の仕組み、引き寄せと因果応報の法則にまかせておけばいいことです。

また、「相手のためを思って」言ってあげる必要もありません。多くの場合、「あの人のため」と言いながら、自分がそれを言いたいだけのことも多いものです。

仮に本当に、それが相手の成長のために必要なことであるとするなら、あなたがそれを言ってしまったがために、その人が自分でわかるチャンスを奪ってしまうことにもなり得ます。

これは過去にあったことでも現在のことでも同じです。

過去の事柄に対して「許せない、同じ目に遭わせてやりたい」と思うのは自由ですが、そんなことを思っても思わなくても、相手にはそれと同等のことが起こります。内容と状況が変わって起きてくる場合もあるので、他人からはわかりづらい……ですが、引き寄せと因果応報の法則は万人に平等に働いているので、これに関しては起こらない、ということではありません。

ですので、その部分は安心して宇宙におまかせし、そんなことに時間を割くよりも、自分のまわりにある楽しいこと、興味あることに集中した方が、あなたにとってよっぽど建設的なのです。

過去のことを思い出すと、意識がそこにつながります。引き寄せの法則には「これは過去のこと」という区別がないので、今考えていることをそのまま現実世界に引き寄せ始めます。ですから、過去の嫌なことを思い出せば思い出すほど、今の自分にそれと同じことを再び引き起こす可能性が高まることになるのです。

過去のことは、あれが最善の選択だったのです。それによってたくさんのことを学ぶことができた、あのおかげでわかった、というような「考えて気持ちが良くなる捉え方」をして、さっさと未来の明るいこと、楽しみなこと、今考えてワクワクすることに意識を向けてください。すると、それと同じ種類のことが起こり始めます。

あなたが意識していること、思っている通りを体験する、思い通りの人生なのです。

第4章

感じる力を養う

直感の生かし方

あなたは、日常生活でどこまで直感を生かしている感覚がありますか？

直感は、特別な人にだけ与えられている能力ではありません。また、「雷に打たれたように」やってくるものでもありません。もっと普通の感覚……あなたが心で感じる「本音」のことなのです。

何かを見たり、聞いたりしたときに、パッと「それ、いい！」とか「なんだか違う」と感じることがある……理由もないのに感じるその感覚こそ、直感です。

とはいえ、この理由のない感覚の通りに物事を決めるのは、初めは勇気が必要です。

私は、いつも自分の生活で実験をするので、初めは小さなことから、だんだんと大きなことまで試しました。

例えば、何かの集まりに誘われたときに、「あまり気が乗らない」と感じたとします。気が乗らない理由は思いつかないのですが、とにかくそう感じる……このときためしに行ってみると、やはり「それほど楽しくない、気を使って疲れる、盛り上がらない」という気持ちの状態で帰ってくることになります。もちろん、「行く以上は、楽しもう」と気持ちを切り替えて参加している場合も同じです。

逆に、それまでまったく興味がなかったことでも、ふと「行ってみようかな」と心が反応したことに出かけてみると、思わぬ人との出会い（または再会）があったり、話が盛り上がったり、何かを思いつくきっかけになったりします。

少し大きなこと、例えば仕事でも同じです。

何かを依頼されたときに、パッと「それはいい気がする」と感じたとします。話の内容にはあまり関係なく、その場の雰囲気、相手のイメージ、自分の状態、すべてが影響し合って「それ、いいなあ」と感じるときです。

そう感じたものに進んでみると、最終的に「本当に良かった、楽しかった」と感じて終わります。逆に、原因はわからないけれど「なんだか気が乗らない」と感じるとき、これも実験なのでためしに進んでみると、途中で思いがけないことが起こって中止になったり、形になっても嫌な思いをする人がいたり、結局、初めに感じていた感覚の通りに終わるのです。

このようなことを繰り返すうちに、初めにふと感じることは、私の勝手な思いつきではなく、その物事に進んだときに起こることを事前に教えてくれているのだな、とわかってきました。

頭で考えない

「理由はわからないけれど、なんだかそう感じる」という感覚が「直感」ですが、ここで必ず邪魔をしてくるのが、頭で考える常識的な判断や思い込みです。

例えば、自分の本音では気持ちが乗っていないのに、

・やっておいた方が得かもしれないから
・世間では良いとされているから
・皆が勧めているから
・時間があるから
・あの人に頼まれたから（断るのが難しいから）

というような頭で思いつく「やるべき理由」を考え始めると、本音で感じている感覚

（直感）から遠ざかります。前述のような本音とずれた理由でそれを選ぶと、必ず途中で流れが悪くなり、初めに感じた通りに物事が展開していくことがわかります。

「その物事の条件などを考えてはいけない」ということではありません。「条件を加えた上で、最終的にどちらに気持ちが傾くか、素直になって選ぶ」という意味なのです。

AとB、ふたつの集まりに誘われたとします。感覚では、Aの方に「行きたい」と感じている。でも頭は、「Bに行った方が仕事の広がりがあるかもしれない」と思ったとします。直感を使うというのは、こういうときのBの考えを無視する、見ないようにする、という意味ではありません。

「Bの方が広がるかもしれない」と考えたときに、すんなりと「それならBに行こう!!」という気持ちになれば、直感もBを勧めているということです。

「Bの方が広がるかもしれない……それなのになんだかAが気になる」、こういうときに、その感覚を無視してBを選ぶともったいない、ということです。

「AにはBを上回る条件が思いつかない、それなのにAが気になる」なんて、すごいことだと思いませんか？　理由がないのにそう感じてしまう意味があるのです。

まわりの意見と直感の関係

直感（本音の感覚）で何かを選ぶとき、意外と足を引っ張るのが「まわりの人の意見」です。大きな決断になるほど、自分だけの判断（しかも、「なんとなくそう感じる」というあやふやなもの）で決めるのには勇気が必要です。

人の意見は大切ですが、他人は他人の価値観と状況でアドバイスをしてきます。価値観の合う人、日頃信頼している人に相談したとしても、それを選んで体験していくのは、相手ではなくあなたです。「それはやめた方がいいよ、なぜなら～」と言われたとき、相手がそこに進めばその結果かもしれませんが、あなたは違う展開になるかもしれません。

人の経験で判断するのであれば、すべての人にリサーチをして多数決で決めることがうまくいく方法になってしまいますが、成功の可能性の低かった（とまわりが思い込んでいた）ことがうまくいった例も、世の中にはたくさんあります。

何かを実現させる人は、その途中で「常識ではこっちだけど、違う方を選んだ」という選択をしていることがよくあります。そして、それを選んだ理由は「そっちに気が動いたから」という単純なものであることが多いのです。「敢《あ》えてまわりと違うもの、可能性の低い方を選ぶ」ということではなく、単に「そっちの方がいい気がした」という感覚（直感）で選べば良く、それこそが一番の情報なのです。

まわりの意見は、あなたの本音を知るリトマス試験紙になります。あなたが本心から「やりたい！」と思うことは、まわりの反対があっても「やりたい！」と思うはずです。「反対されてガッカリする」という感覚が、それを表しているでしょう。どっちでもいいことであれば、反対されてもガッカリしないのです。

自分とは違う人の意見を聞いたときに、すぐに気持ちが切り替わり、更にスッキリするのであればその意見を採り入れれば良い……、ですが本音は違うのに、「まわりが反対するから」とか「うまくいかなかったら困るから」という恐れや不安や心配で選択をすると、せっかくの直感を生かすことができなくなるのです。

「気が乗らない」で選んでいい

ふと感じることは、すべて理由があって思いついています。頭で考えるとその理由がすぐにわからなくても、全体から見たら意味があるからこそ、思いつかせてくれているのです。

アメリカの同時多発テロ（9・11）事件のとき、マンハッタンに行く予定だった友人たちの中には、「なんとなく行きたくなくなった」という曖昧《あいまい》な理由で予定をキャンセルし、テロに巻き込まれずに済んだ人たちがいました。

後で振り返ると大きな結果となるこのような直感を利用するには、日頃から「なんとなく気が乗った（乗らない）」の感覚に素直になっておくことが大切です。

特に「気が乗らない」の方は、自分のわがままに感じたり、いい加減な理由に思えて素直になることが難しい人もいるでしょう。

「気が乗らない」という曖昧な感覚も立派な直感である、と認めることです。

例えば、同じ内容のものに、「先月は気が乗ったけど、今月になったら乗らなくなった」ということがありませんか？　それはあなたの気持ちがいい加減だからではなく、時間が経ったことによって、その物事の流れが変わったからです。

直感は、その物事の展開やタイミングなどすべてをあわせて、その人にとって良い流れになるときに「それはいい♪」という感覚（情報）を送ってきます。ですから、時間がずれれば違う感情になるのは当然のこと、まさに「気（の流れ）が変わった」からです。

逆に言えば、「いい！」と感じたときにはすぐに動かないと流れが変わってしまいます。「そっちがいい気がする」と感じるのは、その物事の「気」を感じているからです。「嫌な気がする」というのも、その「嫌な気」をきちんと感じている証拠です。

気が乗らないのも、「気」が乗っていないから……そんなときにそれに進んでも、うまくいくはずはありません。「気が乗らない」で選択していいのです。

「あれ？」は宇宙からのサイン

今月は私の誕生月なので、お祝いの席が増えて太り気味の今日この頃です。

先日も、友人のお料理教室に遅れて参加したところ、途中から会場が真っ暗になってバースデーケーキが登場しました。その場ではまったく予想していなかったので本当に驚き……何歳になってもサプライズはうれしいものです。

ここで面白いことがありました。シャンパンタワーにみんなでシャンパンを満たしていたとき、ロゼの赤い雫《しずく》が私の洋服に飛び散りました。真っ白なニットワンピースに次々と赤いシミが広がってみんなが慌てたときに、思い出したのです。たまたまその日だけ、私が「染み抜き」を持ってきていたことを笑。

それはその日の朝、出かけるときに自宅のバスルームの床に転がっていたものでした。

「なんでこんなものがこんな所に?」と、なんとなく気になって、そのまま外出用のバッグに入れたのです。実は同じ日の昼間も、隣の人のコーヒーが私のスカートにこぼれ、染み抜きのおかげで助かった、ということがあったのですが、まさか1日に2度も活躍することになるとは……。

こういうとき、直感は日々来ていることを再確認します。そして際限がありません。もう十分に活用させてもらったから残りが少ない、なんてことはないのです。

「あれ?」という感覚になったことは、どんな小さなことでも無視しない、これが直感を生かすポイントです。

大きな違和感は気づきやすいものですが、日常の何気ないレベルでも同じなのです。

そのときどきに来る、「あれ?」という感覚を、ためしに追ってみてください。

例えば、「○○についてどうしようか」と考えているときに何かが目に留まり（または耳に入り）、それが印象的で心に残ったのであればそれを追ってみます。すると、なぜそれが気になっていたのか理由がわかり、そのとき考えていたことの答えにつながっていく、ということはよく起こります。

先日もあるものを探しているときに、チェストから垂れ下がっていたリボンを引っ張ってみると、奥から古い手帳が出てきました。そこに書いてあったことが、そのときの私にとって非常に意味深い内容で、「今日はこれを見るために探し物をしたな」と感じるほどでした。探し物は本来の目的ではなく、その数日間ずっと私が考えていた（意識していた）ことの答えを知らせるためにあったことだったのかもしれません。

その素敵な連鎖が起きる初めは、自分の中の「あれ?」という感覚を無視しないという、言葉にするととても些細なことなのです。「あれ?」は立派な情報です。

直感と頭で考えたことの違いを知る方法

「ふと思ったことは、意味がある」という話をもうひとつ。

夏の休暇から戻った日の夜、私のオフィスの天井に水漏れが起こりました。ポタッ、ポタッという水音に気づいたときには、既に部屋の一部が水浸し、ピアノの上を中心にまわりの絨毯《じゅうたん》までしぶきが飛んでいました。ふと上を見ると、天井の一部が水で膨らんでいます。

慌てて管理人さんから上の階の住人に連絡してもらったところ、あと数時間で海外へ飛び立つという羽田空港でつかまえることができ、その夜のうちに事は収まりました。原因は、エアコンの排水システムの誤作動だったようです。

実は本来の予定であれば、私はその3日後に東京に戻るはずだったのです。ところがその日の朝、「帰った方がいいかもしれない」という思いがムクムクと湧き起こり、すぐに新幹線に乗ったのです。当初の予定日に帰っていたら、水漏れが続いたまま何日間も放置することになっていたことを思うと、あの「ふと思う」という直感の通りにして本当に良かったと思います。

あのときの思いつき方を正確に言うと、「帰った方がいいかもしれない」という意味深な感覚より、「帰りたい」という感覚の方が近かったと思います。「こうしたい」という個人的な望みの感覚すら、意味があって思いついているのです。

さらに、東京に戻る新幹線で面白い出会いがありました。帰省ラッシュの始まる混雑した車内で、私の隣に初老の紳士が座られました。「ここが最後の一席でした」とおっしゃった一言から何気なく会話が始まり、その方が国内の介護施設や複数の病院などを運営されている会社の経営者であることがわかりました。私が、介護施設の内装や介護ユニフォームのデザインの経験があることから話が弾み、混雑した車内でとても穏やかに楽しい時間を過ごすことができたのです。

「ふと思いつくこと」があっても、頭で考えると行動に移せないものです。今回も、「何もわざわざ混んでいる今帰る必要はない」と、一瞬は思いました。ですが、日頃から直感の感覚（ふと思うことを行動に移すとどうなるかという感覚）に慣れていたので、すぐに行動に移せたのです。

「すぐに行動に移す」もポイントです。しばらく時間をかけていると、頭で考えたことがどんどん侵食してくるからです。

直感を生かしてうまくいったときには、後からそのときの感じ方を思い出し、その感覚を覚えておくことが大切です。なんの根拠もなく「帰りたい」とふと思った、そして「帰ろう」と思った方が気持ちが良かった、気が乗った、というあの感覚を覚えておく……すると次に何かが浮かんだときに、それが頭で考えたことなのか、心で感じた直感なのか、区別ができるようになります。

直感の生かし方——日常編

直感は意味深な伝わり方だけではなく、「無性に〜〜したい」というような欲求など、希望や望みの形で伝わってくる場合もあります。いずれにしても、あなた自身の本当の気持ち、という形で来ることに変わりはありません。

例えば今朝、オフィスで机に向かったとき、私はふと「外に出たい」と思いました。今日の午前中はオフィス内でしなくてはいけない仕事がたくさんあるのに、です。幸い、すべて自分だけの予定なので、直感を優先させて散歩に出ました。

いつもの散歩コースを歩いていると途中から小雨が降ってきたので、仕方なく近くの公園に入りました。その公園は緑がいっぱいなので、木の枝葉が傘になって濡れずに歩くことができるからです。

改めて「こんな官庁街に、こんなに素敵な公園があったなんて……」と驚くほど緑の溢れる空間でした。ほどよい大きさの池とベンチもあり、紫陽花《あじさい》が咲き乱れ、明るい空から降ってくる小雨がシャワーのようで……歩いているうちに、仕事のアイディアが次々と湧いてきて……午後の打ち合わせに必要なことをすべて思いつくことができました。

午前中にしなくてはならないことの中に入っていた「午後の打ち合わせの準備」が、散歩をしながら完了したのです。

「今の私には外に出ることが必要」と潜在意識がキャッチしていたので、「なんだか外に出たい」と感じたのでしょう。

直感に気づく、そして活用するコツは、頭で考えないことです。「散歩の前にあれをしなくては」「こんなことをしても無駄じゃない?」などと頭で考え始めると、チャンスを逃します。

一流と言われる人たちがすぐに行動に移すのは、「ふと感じたこと」は貴重な情報だと経験でわかっているからです。また、心が本当に望んでいることをすると気持ちが満たされて、「必要なことはいつでも知らせてくれる」という安心感も生まれるはずです。

モヤッとしたら一時停止！

直感を活用するコツは、心で感じる「モヤッ」という感覚を見過ごさないことです。「モヤッ」を感じるときというのは、そこに潜んでいるあなたにとって何か違うこと、望んでいないこと、違和感のあるものを感じ取っているからです。

私はほとんどすべてのことに対して、「迷ったらやめる」という選択をしています。

このとき、その迷いが、「やってみたい、でもできるかどうか自信がない」とか、「興味がある、でも方法がわからない」というように、基本的に「やる！」という思いがあった次に出てくる迷いの場合は絶対にやります。自分の本音（直感）は「やる！」だからです。

そうではなく、根拠のない「モヤッ」や理由のわからない迷いの感覚があるときは、やめる、または一時停止にします。それが立派なやめる理由だからです。

その物事がある程度進んでしまっている場合でも同じです。

例えば何かに入会しようと思って入会金を払ってしまっている、新しい仕事について既に具体的に進み始めてしまっている、既にまわりの人にも話して（発表して）しまっている、というようなことでも、それが「モヤッ」とし始めたのであれば、一時停止にする……その状態でしばらく経ってもそのモヤモヤが変わらなければ（できることをしても変わらなければ）白紙に戻します。

このとき、自分がはっきりと「やめる！」と決めると（私流に言う、宇宙に宣言すると）、次の方法が用意されるので、相手とこちらの両方にとってより良いように進みます。

先日もありました。少し進み始めていたことですが、自分の中ではっきりと「これはもうナシということにする！」と決めた途端、それよりもっといい新しい方法とつながったのです。やめると決めてからわずか1週間後のことでした。

恐らくあのときに「どうしよう」と決めかねていたら、新しい話はやってこなかったと思います。

はっきり決めると、引き寄せが強まるのは事実です。

新しいご縁の話は、以前よりスムーズに進んでいます。前の話に進まない方がいい、だから途中からモヤモヤし始めたのです。

「モヤッ」と感じるものは選ばなくていい、これを知ると、判断基準がますますシンプルになります。

「ボーッ」とする時間をとる

「ボーッとしているとき」というのは、「無」に近い状態です。

考えていることや目の前の雑用で頭がいっぱいになっているときにはボーッとできないし、心配事や不安が心を占めているときもボーッとはできません。

実は、私がこのボーッとしているときに浮かんだことの「すごさ」に気づき始めたのは、出産をした後からでした。新生児育児のあまりの作業量に心も体もいっぱいで、頭の中は次のスケジュールと時間のやりくりだけ、常に「いかに効率よく進めるか」を考える日々が続いていたときのことです。あるとき、すっかり疲れてしまい（簡単に言えば面倒になって）、頭で考えるのをすべてやめたのです。

本当に緊急の仕事や用事以外はボーッとして、そのとき浮かんだことだけをする、浮かんだことから始める、今日のやることを成り行きにまかせる……そうするようにした途端、なぜか流れが良くなり、頭で完璧に考えて進めていたときと比べてスピードは落ちない、むしろ効率良くなっていることに気づいたのでした。

さらにストレスも減ったのです。考えてみれば当然です。いつもゆったりボーッとして思いついたことだけをするようにしたのですから……笑。

初めは怠けているように感じたのですが、その方が流れが良くなることを何度も体験すると、ボーッとしているときというのは宇宙とつながっているとき、何か情報のようなものが降ってきているときだ、と実感したのでした。

更にこの時期、仕事について抱えていたことも、私が考えてもどうしようもないことを心配する時間がなくなったので、その問題が自動的に解決するということも何度も体験しました。考えるのをやめたことで、そこに心配のエネルギーが注がれなくなったからでしょう。考えるのをやめるだけでうまくいく、ということを痛感した数カ月でした。

頭と心の役割を考えてみると、「心」でアイディアを思いついた後、「頭」はそれをどのように組み立てるか、どのようにまわりの人に説明するかなどの方法を構築するものです。つまり、頭で考えてアイディアや解決策を出そうと思うのは役割が違う……だからこそ、頭の活動を休めてボーッとした方が様々なことを思いつくのです。

長年の教育と癖で、まだまだ頭で考えるほうが圧倒的に多いかもしれませんが、私は特に困ったときやアイディアが必要なときは、できるだけボーッとするようにしています。この方法の方が圧倒的に解決までの時間が速く、ストレスもないからです。

流れが良くなる一日の優先順位

自分の本音の感覚が直感（＝宇宙からのサイン）になっていることを知ってから、私の物事の優先順位は変わりました。即ち、左記の順番で日々の用事を進めるようになってから、圧倒的に流れが良くなったのです。

1　絶対に今日しなければならない緊急のこと

2　今、一番やりたいこと
（＝心はワクワクしているけれど、すぐにやる必要はないこと）

3　今日やるべきこと
（＝心はワクワクしていないけれど、いずれやらなくてはならないこと）

1番は、誰でもすぐにとりかかります。気をつけるべきは、2番と3番が入れ替わりそうになるときです。期日にはまだ余裕があるのに、「今のうちにやっておこう」とか「そうするべきだから」という理由で、今日やらなくてもいいこと（3番）にまで手を出し、ひとりで「忙しい、忙しい」と思い込んでいる……私にもよくありますが、今日を逃したら大変なことになる、という用事は意外と少ないのです。

つまり、1番に入るのは、「今日を逃したら絶対に大変なことになる」という用事だけです。これは仕事でもプライベートの用事でも同じです。

1番が終わったら、「すぐに」2番をします。「すぐに」がポイント……時間が経ってくると頭が余計なことを考え始めて、「時間がある今のうちに来週までのアレを済ませておこう」などと3番に頭が向かってしまうことが多いからです。3番を優先させていると、自分の本当にやりたいことができる時間は永遠にやってきません。

優先順位がハッキリしてくると、迷いが少なくなります。

例えば、限られた食事の時間を本当にその人と共有したいと思うか。ただの「良い人」のつもりで引き受け、それにそこまで時間を割くことが本当に自分の気持ちと合っているか、「今日するべき」と自分に課しているのは自分だけではないか……。

そして、気持ちが快適になってきます。自分の本音の気持ちをいつも確認し、それに沿って物事を進めていく（＝そっちの方がうまくいく）ということを体験し始めるからです。するとまわりに起きた出来事や他者からのアクションに反応するだけの人生ではなく、自分が選んで自分の人生を生き始めるという感覚になり、振り回されることがなくなります。

今、時代はかなりのスピードで変化していて、各人の「感じる力」や「感性」が鋭くなってきています。ですから、自分の心に反するモヤモヤしたことをしているとき、それがあなた自身に与える影響もこれまで以上に大きい……今までは気づかなかったり我慢をしながら通り過ぎていたようなことだったかもしれません。

これは各人がわがままになる、ということではなく、自分の感覚を他人のそれと同じように大事にしてあげること、という本当の意味での「自分=他人」となる一歩です。そして、それぞれの生き方が尊重されているので、あなたがあなたの感じるままに選択することが可能になっているのです。

どちらの選択肢にも「モヤモヤする」ときは？

直感について、「どちらの選択肢にもモヤモヤする場合はどうすればいいですか」というご質問をよくいただきます。特に、その状況が「すぐに答えを出さないといけない（あまり時間がない）とき」の場合です。

Aさんは、ある勉強会に通っていました。初めの数回は楽しかったそうですが、そこで繰り広げられる人間関係や、その会自体の進め方について疑問を感じるようになり、更に学ぶ内容自体が事前に聞いていたものとずれてきたため、通うことが苦痛になっていました。ですが、その勉強会に参加するために大金を支払ったことを思うと簡単にやめられませんでした。

続けることを考えてもモヤモヤ、やめることを考えてもモヤモヤします。

ここで大事なことは、直感（自分の本音）は常に「現在の状況に対してのサイン（情報）である」ということです。

現在の状況に対してモヤモヤするのであれば、「もう、そこに進まない方がいい」ということです（もちろん、すぐに決断する必要はありません。しばらく様子を見て、ますますその状況が加速する、という場合です）。

大金を支払ったことに対してのモヤモヤは、過去に対してのモヤモヤです。

つまり尊重すべきは、「現在そこに通うことが苦痛になっている」という現在のモヤモヤの方なのです。人生の大事な時間を、行くだけで苦痛を感じることに使う必要はありません。

過去は、自分の捉え方によって変わります。そこに大金を支払ったことは事実ですが、当時はそれによって自分の気持ちが救われたり、納得したりしたはず……つまり、あのときはそれが自分に必要なベストな選択だったのです。また、このケースにおいては、今後はもうそのような高額の勉強会に足を運ぶ必要はないということがわかった、という二次的な「学び」もありました。

どんな種類のことでも、そのときは、「それをする意味」があります。あのとき、支払う前に踏みとどまっていたとしたら、今、Aさんが感じている気づきや学びはなかったはず……貴重なことに気づかせてくれた「お勉強料」だったのです。

大事なことは、「そう捉えると気持ちが楽になるかどうか」ということです。気持ちが楽になる捉え方は、本人の思い込みで事実とは異なるように感じるかもしれませんが、あらゆることについて「事実」などありません。100人いたら、100通りの捉え方があり、それぞれ「その人がそう捉えている以上、事実」なのです。そして、その人が思い込んだ通りに物事が展開していくのが引き寄せの法則のすごいところです。

「どの選択肢に対してもモヤモヤする」という場合、どれかが「今」ではない過去のこと、または、まだ来てもいない未来についての感覚ではないか確認してみてください。

尊重すべきは、「今」についての感じ方です。

「敏感であること」を勘違いしないで！

この数年、各人の「感じる力」は確かに強くなりました。「スピリチュアル」と呼ばれる精神的なものの考え方が広まったことで、本来は目に見えないものが見える、聞こえるというような人も増えたと思います。隠していた敏感な感性をカミングアウトする人もいれば、大勢の感じる力が強まったために、その集合無意識の力で敏感になってきている人もいるでしょう。

ですがそれらの感性は、本来、人が初めから持っている自然な力であり、敏感であることがすごいわけでも、特別なわけでもない、ということです。

例えば、「マイナスのエネルギーのある場所や人と一緒にいると疲れる」という場合。多少であれば誰でもそれを感じることがあります。また、その自分の感性を大切にして、先の選択をしていくことも自由です。

ですが、そこから受けるダメージが大きすぎて（頻繁すぎて）すぐに体調を崩したり、日常生活に長く大きく影響を受けてしまうような人がいます。そしてそれを浄化するために、例えばエネルギーが高いとされているモノを身につけたり、特定のサイキックや何かのセミナーに通いつめたり、それらをやめるとまた体調を崩す……この場合は、「私は悪いものの影響を受けやすい（敏感だから）」という暗示にかかっている自分の責任、ということもあります。更に「これをしないと（身につけないと、通わないと）体調を崩す」という暗示もあるかもしれません。

引き寄せの法則から言えば、その人が考えていることと同等のものを引き寄せているだけのこと……ということは、「私はそういうものの悪い影響は受けない」と自分で決めればいいのです。

飲食店を経営している人が、「自分の店には気持ちのいいお客様だけが来る！」と決めてからは、ガラの悪いお客さんが来なくなった、というような話がよくあります。

これは私の場合ですが、講演会で、「今日、この会場にいらしてくださった方々が一番求めている話をしよう」と決めると、ふと思いついたことが、その日の講演会で「一番印象に残ったテーマ」であったことが、後からのアンケートでわかることがあります。

自分が「そういうストーリー」を作れば（そう決めれば）、その波動やエネルギーに合ったものを体験するようになるのです。「自分は悪いものの影響を受けやすい」と思えばその体質になり、「自分は傷つきやすい」と思えば傷つけるようなものが集まってきます。

敏感になる、感じる力が増す、というのは、自分の苦手なものを増やしていくためではありません。この意識の力を、より良い別の方向へ使った方がいい……運の良い人がたいてい「自分は運が良い」と思い込んでいるように、「私は悪いものの影響は受けない」と決めればいいのです。正確に言えば、言葉にしたものが拡大するので否定の言葉で思うのではなく、「私はプラスのエネルギーを受けやすい」とでも思えばいいかもしれません。

自分は敏感だから悪いものの影響を受けやすい、というような捉え方は、本人がその考えを好んでいることが多い……世の中にはあらゆる種類のものが混在していますが、その中のどれを選んでいるかは自分次第なのです。

第5章

コロナのおかげで……
コロナによる前向きな変化

第5章の原稿は、2020年、新型コロナウィルスによる第1回目の緊急事態宣言が出される前後に掲載されたものです。

自分の好きな形を実現しやすくなった

新型コロナウィルスの感染者が急速に増えている今日、（多分多くの人が感じているように）これをきっかけに社会の仕組みは変化することになるでしょう。

働き方、教育の受け方、子育ての仕方、お金の流れ、その他あらゆる分野での価値観が変わり、暮らし方や生き方そのものが変わっていく……先日、（私が思う）未来の理想のライフスタイルをすでに実践している人たちの姿をテレビで見つけました。

複数の番組から感じたことなので具体的な番組名は伏せますが、そこに出てくる人たち（日本人）に共通していたのは、自然の豊かな場所に暮らして食物を自給自足し、余った作物は自然とまわりの人たちと分け合っている姿でした。

東京（都市）から地方の空き家を利用して移り住んだ人たちの中には、都会の感性を生かして、地元の産業をおしゃれに活性化させている人たちもいます。それはもちろん、その場所を都市化させることが目的ではなく、例えば「商品の見せ方を変える」というようなほんの少しのアイディアによって元々の地場産業に光を当てる、という種類のことです。都市に住む人たちにとっても、中間業者を挟む必要なく、その商品を直接購入することができたりします。

つまり簡単に言えば、その人たちは「物々交換」で生活が成り立ち、日々、自分の好きなことにいそしんで、自分の生活や人生を愛している……とても「豊か」な状態で暮らしていることがよく伝わってくるのです。

もちろん、すべての人がこの形をとる必要はなく（そんなことは不可能で）、そのような形が好きな人はそれを実現できるようになってきている、世の中のシステムが多様化して「みんな違ってみんないい」を形にしやすくなってきている、ということです。

前述の生活を実現するには、例えば「都市でしか仕事ができない（需要がない）」という状況は改善される必要があります。リモートオフィスが通常化することによって、形としての「社屋」に出かける必要がなくなる……それに伴ってそこの更に根底にある「本社という場所に勤めることがステータスのひとつ」であるような価値観も変わるでしょう。

家族の近く、通勤時間30分以内の場所で人々が働き、家族と離れ離れになるような「転勤」などはなくなり……（ここでも、そもそも）「教育の受け方」自体が変わっていくので、転勤で家族が別居とならざるを得ない主な原因のひとつである「子供の教育」についても問題はなくなるかもしれません。

今書いているのは、そこに至るまでの経緯や方法は脇に置いた「理想論」ですが、すでにその形を実現して生活している人がいて、それを採り上げるメディアが増えていることを見ると、新型コロナウィルスが去った後、人々の暮らしが変化（進化）していくことは期待できます。

そしていつか、「コロナのせいでそうせざるを得なかった」のではなく、「あのおかげで日本人の生活の質は上がった」と言えるようになることを祈ります。

見せかけに騙されなくなった

以前から、「これは一体なんの金額だろう？」と思っていたクレジットカードの請求額がありました。忘れた頃に地味に請求が来るのですが、毎月ではない上にあまりに少額なので、結果的に何年もそのままにしていたものを、今回、外出自粛で時間ができたので調べることにしたのです。

それは、ずーっと昔に加入した、あるサービスでした。最初の1カ月は無料、その後は自分で解約手続きをしないと自動更新されて請求され続けるという、よくある仕組みです。

解約してスッキリしました。そして、これまで引き落とされてきた年額と同じ金額を、以前から支援したいと思っていた団体に寄付しました。

これで本当にスッキリ……どちらも「気になっていたけれど時間がなくてできなかった

こと」であり、ある意味、外出自粛によってもたらされた恩恵でした。

新型コロナウィルスの出現によって変化していく「これからの時代」には、このような「複雑なこと」や「見せかけの仕組み」はなくなっていく（うまくいかなくなっていく）、と感じています。

昨今、ほとんどの商品についている「今購入すると〇〇がただになる」とか、「今だけのお得なキャンペーン、お得なアプリ、お得なポイント」というようなものは、目先のお得感で気を引いて購入を促すためのものです。消費者は常に軽く騙されている……。

ですが、このような非常時になると、例えばすぐに解約できない複雑なシステムや仕組み、連絡先がわかりにくいものなど、見せかけに踊らされていることに対して「これはおかしい」と気づきます。あらゆることに見直しが起こるからです。そして、自分のまわりの様々なことを、わかりやすくシンプルな状態にしておきたい、という欲求が出てきます。あらゆることに対して、思惑や虚飾のあるものではなく、シンプルで正直でわかりやすいもの、わかりやすいやり方に目が向くようになります。

例えば営業について言えば、「上手に話して相手をその気にさせる」という従来の営業ではなく、その商品やサービスを本当に良いと思う人や好きな人がそのままを語ればきちんと消費者に届くようになるでしょう（「商品を好きになって紹介する営業マンは成績が良い」と以前からよく聞くのも納得です）。消費者の側も、広告に踊らされるのではなく、自分の感性で本当に好きなものを選ぶようになるはずです。

好みも細分化されるので、「それを本当に求めている少数の人」だけに販売すれば成り立つようになるでしょう。ニッチでマニアックな商品でも、それを求める側と提供する側のバランスがきちんと成り立つのです。

見せかけやウソのない社会、これも新型コロナウィルスの出現をきっかけに期待していることです。

ネットの情報に振り回されなくなった

新型コロナウィルスの出現によって、これからの時代はシンプルでわかりやすいこと、物、サービスが求められるようになるはずです。

ネット上でも、派手な広告や目先のお得感をアピールしたものより、きちんと実があって誠実な商品に目が向けられています。

インターネットというのは、意外と「発信者のエネルギー」をきちんと伝えている媒体だと私は思っています。例えばSNS上での個人的な投稿記事で、同じような内容と写真が使われていても、読んでいて「モヤッとするもの」と「モヤモヤを感じないもの」があります。書き手の妙なアピール感や投稿するときの思惑が、エネルギーとして読み手に伝わっているからでしょう。

これからの時代は、何かを選ぶときにこの自分の感覚を頼りにした方が良いと思います。例えば旅先のホテルを決めるとき、HPを見て「なんとなくここがいい気がする」と感じるものと、「あまり気が乗らない」と感じるものがあります。そのホテル自体が出しているHPは、自分たちの良い部分が書いてあるに決まっている、それなのに同じような条件のホテルに違う感想を持つことがあるのは、大本のエネルギーに違いがあるから……それをきちんとキャッチしている証拠です。

対象物がなんであれ、「なんとなくいい気がする」とあなたが感じるものは、相手の今のエネルギーとあなたのエネルギーが合っているからなのです（当然、それを選んで正解、ということになります）。第4章で書きましたが、直感で感じる「いい気がする」「モヤモヤする」というのは偶然ではなく、それを選ぶとあなたがどうなるかというサインになります。その感覚は、すべての人に通用するわけではありません。「あなたにとっては」というオリジナルの情報なのです。

ということは、現在ネット上で交錯しているあらゆる情報についても、それが自分に当てはまるとは限らない、ということになります。そこでの口コミや評価は、あくまで「その人たちの感覚」に過ぎません。書き込んだその人にとっては事実でも、その人と違う価値観、違う目的、違うエネルギーの自分が体験すれば、違う展開になるに決まっているからです。

自分自身の感覚を信頼するようになると、ネット上に書き込まれている口コミや評価などに振り回されることがなくなります。

新型コロナウィルスをきっかけに、各人が自分（たち）の感性に忠実になってきた（敏感になってきた）と思います。その結果、「他の人が評価しているから」「有名な〇〇さんが使っているから」「広告が目立つから」「お得だから」というような見せかけや他の人の基準ではなく、自分の感覚を基準にして選ぶ人が増えてきていることも、コロナのプラスの面だと感じています。

心で感じて動けるようになった

新型コロナウィルスは、私たちに「柔軟」になることを求めているような気がします。例えば、外出自粛になったのであれば、「室内でこんなことをやろう」「新しい働く形を考えよう」「これを機会にまったく違う生活をためしてみよう」と、新しい環境にすぐさま切り替えることも「柔軟」のひとつです。

柔軟になるためには、自分の過去の経験やこれまでの常識から何かを判断するのをやめることです。例えば国レベルで言えば、過去の経験（前例）にはないスピードが求められています。過去の前例やこれまでのやり方にこだわっていたら（これまでと同じように時間をかけていたら）、間に合わない人たちがいるのです。それには、従来の形や、しがみついてきた価値観を手放す必要があります。それがないとやっていけない、と思っていたことなのに、手放すことになって初めて、「もっと良いやり方があった」ということに気づくことが多々起きています。

恐らく、これからは過去の経験を基に動いていたら解決できない「想定外」のことばかりが起きてくると思うので、いつも目の前の「今」に反応して動く姿勢が必要になります。

例えば、この非常時に「これまでと同じ」を一生懸命維持しようとするのも、過去にこだわった考え方です。

「非常時」（常ではないとき）ということは、これまでと同じ状態を維持する必要はない、ということです。変わっていい、「これまでと同じ」にしがみつかなくていい……例えば外出自粛とされているのに「運動不足になるから外に出る」という選択をする人がいます。「大人が1、2カ月くらい運動不足になっても、子供が外に出なくてテレビを見続けてもそれほど大ごとにはならない、それよりも今大事なことは……」と考えるのが、目の前の「今」に対応している判断だと思います。一般の人が普段のトレーニングができなくても、問題にはなりません。たとえ狭い環境の中に押し込められたとしても、その中で工夫して面白がること、サバイブすること、今できることをすること……家族の場合は、それによって子供の新しい可能性や家族の会話が増えた人たちもたくさんいます。

「頭で考えるのをやめる」とも言えるかもしれません。

「頭で考える」というのは、自分のこれまでの経験から得た知識や常識に基づいています。目の前の状況に対して、心で考えれば「これができる、こうした方が良い」ということが浮かんだとしても、頭で考えたら、「それはしたらおかしいのではないか」「それは前例がないからできないのではないか」「今までと同じ方がいいのではないか」というような考えが浮かびます。心では、過去にこだわらない広い考えが浮かぶのに、頭で考えた途端にそれがしぼむ感覚になるのです。

頭で考えたことと心で感じたことが違う場合、どちらが「モヤッとするか」を観察すればどちらを選べば良いか簡単に答えがわかります。

いつも目の前の「今」に反応するようになると、従来の考えの枠を超えた新しいアイディアや創造的な答えが出てきます。すべてを柔軟に捉えて、いつも目の前の「今」を工夫する姿勢、それが生き残るのはもちろん、今を楽しむコツであり、コロナによってそれをした人としない人がまた分かれたような気がします。

執着を手放せた

自分の過去の経験を基に判断をするのではなく、目の前の事柄に対して今、心が反応するほうを選択する（選択していい）、ということに気づき、生活を大きく変えた人は既に大勢いるようです。

友人のLさんは、これを機会に自家用車をリースに切り替えました。毎月のリース代金を支払うことによって、その車を所有するのではなく使用する権利を得るシステムです。

Lさんは以前から様々な車に乗るのが好きだったので（そしてとても裕福だったので）、これまでは2、3年で乗り換えるという贅沢なサイクルを繰り返していました。そのため、途中で車種を取り替えることができるリースの仕組みに以前から興味があったそうですが、「車は所有するもの、持っていない人が借りるもの」という固定観念があったため、踏み切ることができなかったと言います。結果的に、今は昔の「リース」というイメージとは違い、仕組みにも様々なものがあることを知り、自分の思い込みがいかに世界を狭くしていたかがわかったそうです。

Hさんファミリーは、従来の考えへの執着を手放して、「お墓のスタイル」を変えることにしました。

「ただの石の塊に対して、親戚たちの意見の不一致から口論ばかり繰り返されていた」……新型コロナウィルスの出現を機に、以前から考えていた「墓じまい」をすることに決めたのです。新しい先祖供養の形は実に様々な方法があるそうですが、いずれにしても従来の形にこだわらなくていいと決めた途端、意外なほど大きな心の平安が訪れたと言います。そして、人間の物欲や身内での争いという根源的なことへの反省、形に縛られ「先祖を思う」という本質など、多くの気づきが押し寄せたそうです。

どちらの実話も、「以前から考えていたこと」に対して背中を押すきっかけとなり、これまで、「過去へのこだわり」や「世間での常識」が原因で踏み切ることができていなかったということに気づいたのです。

これが良いか悪いかを議論する意味はなく、これからの時代は「みんな違ってみんないい」ということです。他者に迷惑をかけない限り、当事者たちの自由が尊重される社会です。

この話を聞いただけで、私自身も自由な気持ちになりました。まわりの目や反応を気にしているだけで、本当はやりたいけれどできていないことは意外とあるものです。

その恐れや不安の多くは、自分の勝手な想像と思い込みです。上記のように、「やってみたら意外と（大変だと思っていた部分は）大したことはなかった、むしろ良いことのほうがずっと多かった」という結果になる……柔軟になると幸せの形は意外とすぐそこにあるような気がします。

断捨離でエネルギーが一新した

自粛期間で室内にこもっている時間を利用して、大々的に断捨離をしています。

日頃から掃除は好きなので身の回りの風通しは良いつもりですが、3年間封印していたトランクルームを開けてみたら……出るわ出るわ……夫とふたり、一体どうしてこれを当時「とっておこう」と思ったのか謎……と笑えるモノがつまっていました。

半分以上がゴミとなりましたが、この分別作業が思いのほか楽しいのです。「これ使っていたとき、こうだったよね」とか「あのときすごく嫌なヤツがいて……笑」とか、「これが大事だった頃があるんだから、人ってわからないものだよねー」など、意外なコミュニケーションも生まれました。

そして「ずーっと同じ、ということはあり得ないということだね」と何度もつぶやきました。これらのモノを大事にしまいこんでいた数年前は、「これは絶対に捨てられない！」と思っていましたが、今はまったく別の気持ちです。かと言って、その当時に処分できたかと言えば、それはあのときの気持ちとして残しておきたかった、それだけで自分の気持ちは満たされたからです。「やっぱりトランクルームは必要だね笑」という話にもなり、同時に妙に気楽な気持ちになりました。仮に、今どうしようもなく悲しいことが起きたとしても、状況は確実に変わっていくのです。それも意外と早く変わる……。

そうやって空いたトランクルームのスペースに、今度は自宅から新しい「物」が移ってきて、自宅がゆったりした途端、次は自宅の模様替えが始まりました。

リビングの家具の配置を変えたり、それによって、意外な家具が別の部屋の意外な場所に収まってしっくり来たりしてイメージが変わり、プチ引っ越しをしたような新鮮な気持ちになりました。毎朝これまでと違う風景（リビング）を目にするだけで、これだけ気持ちが変わるのか……と驚くほどです。

旅行に出たときと同じくらいの感覚になりました。私の場合、旅行に行く醍醐味は、いつもと違う環境に身を置くことで、旅そのものの楽しさだけではなく、戻るのも楽しみになるような感覚になることです。帰ってからやりたいことが浮かんだり、目の前の生活を丁寧に楽しむ気持ちになったり……。

断捨離と模様替えによって、見た目の変化だけではなく、家全体が新しいエネルギーになっていることを感じています。このエネルギーの変化が、そこに住む私たちにも新しい展開を起こすだろうと楽しみに期待しています。

人との出会いが楽になった

多くの人がWeb会議サービス「Ｚｏｏｍ」を使ったミーティングに慣れてきた今日この頃、Ｚｏｏｍをめぐる様々な話が聞こえてきます。

「便利！」「着替えなくていいから楽」というような声以外に、よく聞くのが、「Ｚｏｏｍの導入によってミーティングの時間が半分になった」というものです。

Ｚｏｏｍを通しての会話には無駄話がありません。いきなり本題から入ることが多くなります。初めから「オンライン飲み会」というような主旨のものは別にして、画面に映る相手の顔を見つめながら話をする（ある意味、全員と目が合う）ために、世間話をするような雰囲気は生まれないからです。カフェなどで繰り広げられていた世間話が、いかにまわりの雰囲気で作られていたかがわかります。

私の場合も、これまで毎月少人数で開いていたファンクラブ内でのお茶会をＺｏｏｍにしたところ、急に世間話がなくなりました。「自由に飲んだり食べたりしながら参加してもいい」とされてはいても、まわりの景色やお互いの姿を実際に見ながら生まれてくる会話とは違い、画面に顔を向けることで自然と話のテーマに集中するのです。つまり、話自体は自然と深みが増し、以前よりも同じ時間で内容の濃いものになっています。

逆に言えば、内容が薄ければあっという間に終わってしまうということです。ですから、これまで不必要な話や無駄話が多かったミーティングはどんどん短縮されます。その無駄な話を「人間らしい会話」として楽しみたい場合は、自分が本当に話したい人とだけ、リアルに会えばいいことになるのです。

友人の大学教授も、「熱心でない先生（適当に授業をしていた先生）の講義は話すことがなくてすぐに終わっちゃうんだよね笑」と話されていました。

話の「さわり」だけはＺｏｏｍで聞いて、実際にまとまりそうな案件だけ直接会うことにする、という仕事の進め方をしている人も増えました。

私の場合はどうかと言うと、新しい仕事を進めるかどうかを決めるとき、話してくださる相手の雰囲気やその場での感触、自分の感じ方を決定の大事な要素にしているので、「Ｚｏｏｍではその判断ができなくなるのでは？」と思っていましたが、その心配はまったくありませんでした。

むしろ、外で会うことによる余計な判断要素（お店の雰囲気やその日の天気など、本人以外の情報）がなく、画面を通した相手のエネルギーだけが伝わってくるのでわかりやすいのです。その人だけをまっすぐに見ることができます。

また「会うだけで仕事をしているような勘違い」も減っていると聞きます笑。

新型コロナウィルスによって、人との会い方についても、「用件はＺｏｏｍで、人間らしい会話は直接会って」と区別され、コロナの影響が薄れていく世界でそれぞれの用途に合わせた選択肢が増えたなと感じています。

コロナ禍での困った引き寄せ——私のコロナ太り

「Ｚｏｏｍあるある」と同じくらいよく聞くようになったのが、「コロナ太り」という言葉です。説明するまでもなく、室内にこもることで運動不足になり、楽しみのひとつが飲んで食べることになった途端、太り始める人が増えているわけです。

私も、この言葉を聞いた頃から徐々に太り始めました。不思議なことに、「コロナ太り」という言葉を知ったあたりから更に食欲が増したような気がするのです。結果的に、今、自粛生活に入る前より2キロほど太っているのですが、これは確実に「それを意識した」ことによる意識の力でしょう。

食べる量はそれほど変わっていないのですが、「そうか、今のこの生活は太りやすい要素が揃っているんだな」と認めることから引き寄せが始まり、「他の人たちもそうなら仕方ないよね」となり、「とは言え、出産してから体重を減らすのが簡単ではなくなったから、今太ったら大変」と意識し始めました。

更に「こんなときに撮影ありの取材が入ったら困るな（なーんて）」と思っていたら、本当に撮影付きの取材が入ったのです。取材まで10日ほどあったので「10日あれば痩せられるな」と思いながらも、「その間も自粛生活だから外で運動ができないし、さらに太ったりして笑」と、今振り返ると、滅多にないくらいに「太る、減量、甘いモノ」という類のことに意識が向けられていたのです。結果的に、取材数日前に体重を測ったら、気をつけ始めたときより更に太っていたのでした……。

こういうとき、思うのです。やはりこの世は「思い通りだな」と。

私自身が、この数年なかったほど「太る」ということを考えていたからこそ（実際には痩せることを考えていたはずなのに）、現実の私を自粛生活前よりさらに太らせて、私の思い通りになるようにしてくれていたわけです。その思いをきちんと成就させてくれる、ということ……笑。

それを耳にしても「私自身の問題」として認識しなければ、その影響を受けることはなかったでしょう。それを聞いたときの「やだ、困る、どうしよう」という思いを現実にするべく、体が太ってくれたのでした。

これは、「引き寄せる」と言うより、自分の思いを実現させるために、まわりの物事が動き出す、という感覚の方がしっくり来ます。

例えば、あなたが「あの人はいつも感じが悪い」と思っている人がいたとします。すると実際に、その人はいつもあなたに感じの悪い態度をしてきます。ところが、あなた自身が素晴らしく気分のいいときは、感じの悪いその人ですら機嫌が良いように感じるはずです。これは偶然ではなく、自分がその人を眺めるときの感情、意識、思い込みの内容に呼応した事柄を見せてくれているのです。数あるその人の内面の中で、こちらの意識にふさわしい面を見る、という言い方の方が近いかもしれません。

いつも、今の自分の気持ちと同じように展開していく、ということです。

今、世の中は新しい局面を迎えている……このようなときこそ「自分の心や気持ちが清々しくなる受け止め方をしよう」と改めて思いました。

コロナ禍での困った引き寄せ2——詐欺に遭いそうに……

コロナ太りと同様、意識することで私自身に起こしてしまった（起こしそうになった）ことがありました。

この数週間、私は「コロナ収束後の時代に予測できる変化」について様々な媒体で書いてきました。それを聞かれることが多かったためです。

その中には、新しい変化によって「こういうものはなくなっていくだろう」という内容もありました。例えば、実体を過剰に大きく見せる営業、見せかけや実体のない虚偽の事柄、消費者を騙す詐欺のようなことはなくなっていく、ということを書いたのです。

するとそれからしばらくして、私自身が、「これは詐欺？汗」と感じる「〇〇商法」に遭いそうになったのです。

仕事にまつわることで連絡があり、初めの段階で了解を出して聞いているうちに、話がどんどん違う方へ展開していき、「……これは詐欺かもしれない」と気づきました。

調べてみると、同じ会社から被害を受けそうになった事例が数件見つかりました。日本の法律的には詐欺にはならないようですが、そのギリギリのところをついた「ズルい商法」で、正に私が指摘していた「こういうものが成り立たなくなっていく」という営業そのものだったのです。世の中によくある程度のものだとしても、そのような質のものと出会ったのは仕事をしていて初めてでした。

これは、私がこれまでにないほどそこに意識を向けていたからだな、とすぐに思いました。自分の中で思うだけではなく、外に向けて書いたり話したりしたことで拡散されたため、その力が強まって私自身への影響も大きくなったのでしょう。

このことから、何かを改善したいときには、その事柄の悪い点を指摘するのではなく、その逆になることを強調するほうが有意義であり本来の目的に沿う、ということがわかります。例えば戦争をなくしたいと思ったら、「戦争反対！」と唱えるよりも、「平和賛成！」を掲げて、そちらにまつわる行動を起こしたほうが効果的、という意味です。

たとえ「それをなくしたい」というプラスの意味での意志だとしても、「そこを考える」というのはそれを引き寄せることになるのです。

改めて、自分が何に考えを集中させているか、自分の意識が向かっている先を観察しようと思いました。

内観によって本当の望みがわかった

外出自粛によって、自分自身とまたは家族とこれまでにないほど密に向き合うようになったことで、様々な問題が表面化しています。

これは「自粛による弊害」ではなく、これまで蓋をしてきた問題がようやく明るみに出てきたという意味で、解決への新たな一歩であると思います。

どんなに関係が密（蜜？）になっても（同じ環境であっても）、例えば家庭内暴力が増える家庭ばかりではなく、お互いのイライラが増幅される家庭ばかりではない、むしろ仲良くなって会話が増えたという家庭もあるのです。もともとあった各人の問題がコロナのおかげで表に出た、これを機会に根本的な解決をして新しい生活スタイルにしていくチャンスです。

自分を内観する時間が増えた結果、「自分の本当の気持ち（望み）がわかった」という人も想像以上にたくさんいます。

私の友人の中には自粛の間に、迷っていた結婚を決めた人もいれば、離婚をした人もいれば、引っ越しをした人もいれば、離れていた家族と仲直りをした人もいれば、別居を決めた人もいて……それはもう様々な変化が起きているようですが、共通しているのは「本当に望んでいることがわかった」という心の状態でした。

長年結婚を望んでいた友人は、自分の心を深く探った結果、「そう思っていたのは実家から離れたかったからだ」と気づきました。そのためには結婚をしないといけないと思っていた、結婚が理由なら堂々と家を出ていくことができる。ですが問題の本質はそこではなく、家族との関係性にあったのでした。結果的に、自粛解禁を機に実家を離れることにしました。

別の人は、自分の胸に手を置いて考えた結果、「家業は継ぎたくない」という気持ちがわかりました。家業を継ぐことが一番の親孝行だと思い、これまで自分の気持ちを押し込めていたことに気づいたのです。

実は私自身にもありました。Aだと思っていたけれど、私が本当に望んでいたのはBだった、ということです。それがわかったときのスッキリした気持ちは、正に「解放感」でした。


自分の本当の気持ちに気づくだけで、引き寄せる力は強まります。その人自身のエネルギーがはっきりするからです。前述の例のように、本当は家を出ることが望みなのに結婚が望みだと思い込んでいると（自分の本当の望みを理解していないと）、ずれたものに意識を集中させることになるので実現までに時間がかかります。引き寄せの法則について、まず「望みを明確にすることが大切」とされているのはこのためです。

そしてここでも「自分の感じ方」が、それが本当の望みかどうかのバロメーターになっていることがわかります。本当に望んでいることがわかると、スッキリします。どこにも迷いがなく、それが実現できるかどうかも関係なく、その人なりの「爽快な気分」になります。

「気持ちがスッキリする、迷いがなくなる＝エネルギーが強まる」「気持ちがモヤモヤする、迷う＝その分、エネルギーが曖昧になる」ということなのです。

これくらいの長きにわたる強制的な環境の変化がなければ、自分の本当の思いに気づくことはなかったかもしれません。自分を見つめることができるまたとないチャンスです。

みんなが本音を語るようになった

「三密」を避けるために大人数で会うことを控えるようになった代わりに、少人数の集まりが増え、そこでは以前よりも「密な会話」が増えたような気がします。

少人数で久しぶりに会う場での会話には、意外にも社会や現状への不平や不満、未来への不安などはほとんどありません。もちろんそこに焦点を当てれば出てきますが、それぞれの心の内を明かすような内容にすぐに移っていくのです。

何もしない時間ができたことによって、これまでの自分が考えもしなかったことに思いをめぐらせたり、自分の希望や思いがわかってきたりして、それを人に語りたくなっているのでしょう。

そのような「思いの吐露」は大人数だと難しい。少人数で目的もなくボソボソと話しているうちに明かしたくなってくるものなのです。

そしてこれまでと同じ時間の流れであれば、それを他者に表現する機会もありません。わざわざ打ち明けるほど大袈裟《おおげさ》なことではなく、通常であれば見過ごしてもいいような「小さな気持ち」だったりする。ですが、本人にとってはとても大事な気持ちの変化であったり、それを話したことをきっかけに、他の人の「思いの吐露」が誘発されたりしているのです。

この点、オンライン上での集まりは最適です。帰る時間を気にしなくていい、お店の時間を気にしなくていい、場所も自分のホームのはずなので居心地が良い……打ち明け話を気楽に始める環境が整っているのです。

本当の意味での気持ちの共有やシェアなど、人間らしい会話がオンライン上で生まれています。たくさんの情報や予定を抱えていたこれまでの「通常の暮らし」のために表面的な会話が多かった数カ月前より、むしろ、みんなが本音を話すようになったという点で、関係は密になっているような気がするのです。

「ありのままの自分」を解放できた

新型コロナウィルスは、一時的な感染症の蔓延として終わるのではなく、社会システムはじめ、人間の生き方そのものを変えていくきっかけとなっています。

個人レベルで起きた最も大きな変化は、「本当の自分が出せるようになった人が増えていること」だと思います。

オンラインでの会合が主流となったために、無駄な会議や集いはなくなり、例えば「お付き合い」だけで出席していた苦手な場などに出なくて済むようになってホッとしている、という感想も多々聞こえます。

私も同じです。本音では出席したくない集まりに行かなくて済むようになったことによってホッとすると共に、その「心がクリアーな状態」であり続けることが、どれほど毎日の流れを良くするかを痛感しました。

　自粛期間中、「実はすごく心地よかった」と言う人がなぜこんなにもまわりに多いのか考えてみると、誰とも比較することのない本当の自分でものを考え、振る舞い、不便な点はあれ、自分のために時間を使うという自由を味わった人がたくさんいたからでしょう。家族構成によってこの感覚に多少の違いはありますが、それぞれの環境で、半強制的に「本当の自分」を出さざるを得ない状況になったのです（だからこそ、本質的にその環境に問題があった人はぶつかることになりました）。

「自粛解禁」は徐々に進んでいますが、気持ちが乗らない集まりは意味がないとわかってしまった以上、外に出かけるときには「自分の本当に必要なもの」「本当に会いたい人」が基準となり、厳選されていくでしょう。


　この現象に対して、他人とコミュニケーションがとれなくなったり、人嫌いになる人が増えることを心配する必要はまったくないと私は思っています。むしろ逆……私自身のことを考えてみても、以前より多くの人に「本当の自分」で接することができるようになっている気がします。「自分がひらいている」という感覚でしょうか……。

多分、室内（ホーム）がベースになったことによって、「本当の自分」で過ごす時間が長くなり、そこで「居心地の良い時間」を長時間、過ごしたからだと思います。大袈裟に言えば、本当の自分を出しても大丈夫な安全で安心な空間と時間にどっぷりと浸かったことで、それと同じ感覚で外のすべての人に接することができるようになったからです。

むしろ、多くの人と交流していた以前の方が、相手によって自分を使い分けたり、私なりに気を使って翻弄されたりすることが多く、人嫌いだったような気がします。かつてはあった「本来の自分ではない姿」が出てくることは少なくなり、コミュニケーションも楽しくなりました。


そしてもうひとつ、私が感じている「解放」があります。それは、この状況を敢《あ》えてネガティブな視点で見たときに生まれたものでした。

つまり、「こんなウィルスひとつで世界のシステムがガラリと変わる、永遠に同じことなどない、いつ死ぬかもわからない、だったら本当の自分で生きた方がずっといい」と感じたことでした。

こう思うことによって、私の中の小さな何か（本来、手放して良かったもの）が吹っ切れ、一段と自由な気持ちになったのです。みんな違ってみんないい、自分が心地よいことを追っていい……。

他者との比較ではなく、自分（たち）の居心地の良い状態を長く続けようとより強く思ったこと、それが他のすべての流れを良くすること、そして、自分の思うように好きに生きようという、より自由な感覚をコロナの出現によって感じたのでした。

本書は、共同通信社モバイルサイト「NEWSmart」連載コラム『未来は自由!』（2010年6月～2020年9月）より、一部を抜粋し、加筆・編集したものです。

プロフィール

浅見帆帆子 Hohoko Asami

作家・エッセイスト　東京生まれ。幼少より青山学院に学び、同大学国際政経学部卒業後ロンドンに留学、インテリアデザインを学ぶ。帰国後執筆活動に入り、代表作『あなたは絶対！運がいい』（廣済堂出版）はじめ、著書は50冊以上、累計500万部以上のベストセラーとなり、海外でも広く翻訳出版されている。

10年にわたり共同通信社「NEWSmart」でコラムを連載。

有料メルマガ「まぐまぐ」にて「まぐまぐ大賞2016、2017」を受賞。

公式ファンクラブ「ホホトモ」、オンラインサロン「引き寄せを体験する学校」などを通して読者との交流も活発に行っている。

2019年、著作内のイラストで親しまれてきた「ダイジョーブタ」がキャラクターとして独立。2020年「note」での音声配信「未来ラジオ」開始。1児の母。

公式HP　http://hohoko-style.com
アメーバオフィシャルブログ　https://ameblo.jp/hohoko-asami/
音声ブログ「note」未来ラジオ　https://note.com/hohokoasami
インスタグラム　http://www.instagram.com/hohokoasami

やっと本当の自分で生きられる

2021年8月25日　第1刷発行

著　者　浅見帆帆子
発行人　見城 徹
編集人　福島広司
編集者　鈴木恵美

GENTOSHA

発行所　株式会社 幻冬舎
〒151-0051　東京都渋谷区千駄ヶ谷4-9-7
電話　03(5411)6211(編集)
03(5411)6222(営業)
振替　00120-8-767643
印刷・製本所　中央精版印刷株式会社

検印廃止

ISBN978-4-344-03835-6　C0095
幻冬舎ホームページアドレス　https://www.gentosha.co.jp/

この本に関するご意見・ご感想をメールでお寄せいただく場合は、
comment@gentosha.co.jpまで。